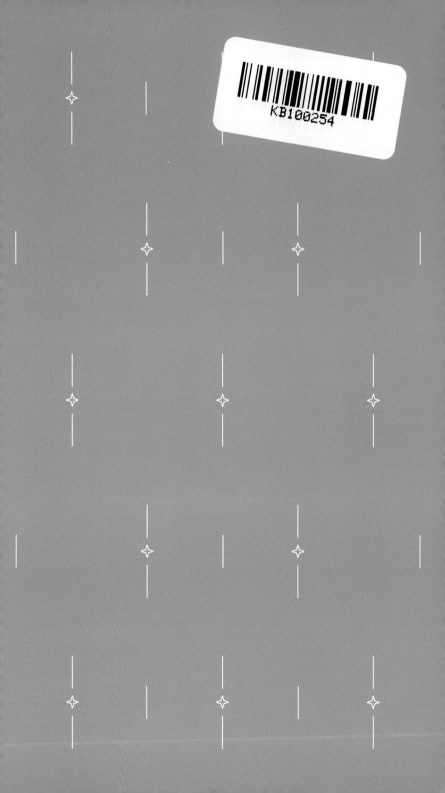

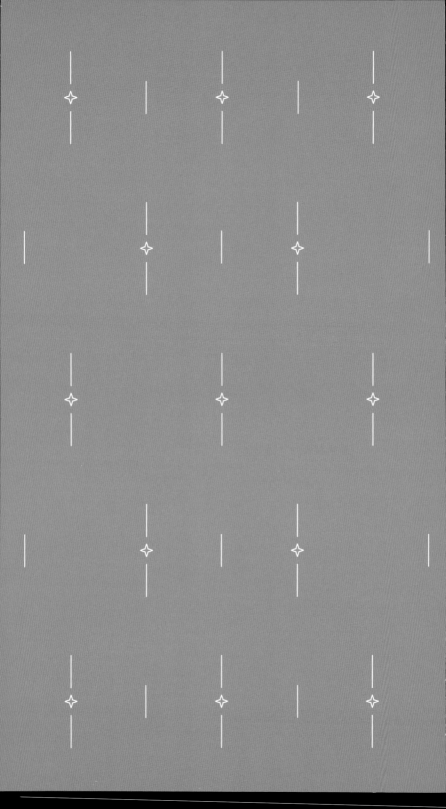

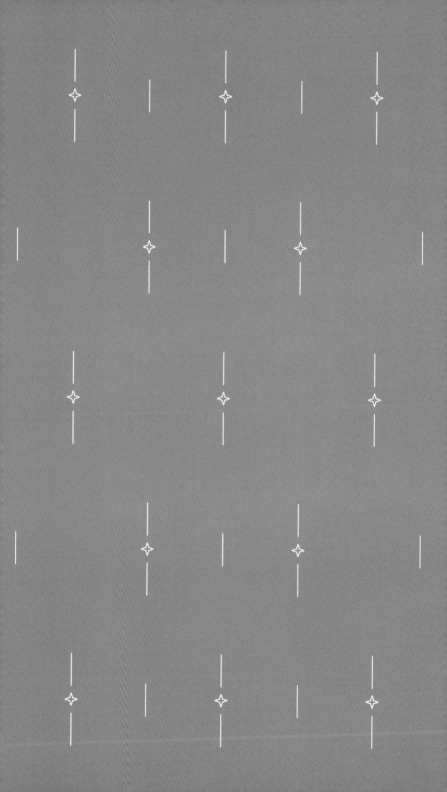

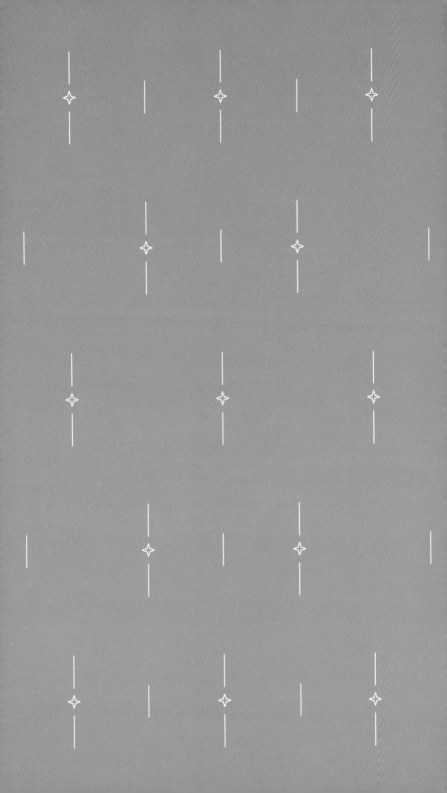

누구나 한 번쯤은 삶의 위기에 빠질 때가 있다.

나도 그랬다.

캄캄한 터널에 갇힌 것 같던 그때,

마주한 의문이 있었다.

제도, 정치, 왕, 위인에 대한 역사책은 수두룩한데

왜 마음에 대한 역사책은 없을까.

마음 아픈 사람에게 역사는 무엇인가.

이 책은 그때 품었던 질문으로부터 시작되었다.

마음 아플 때 읽는 역사책

마음 아플 때 읽는 역사책

박은봉 지음

서유재

차례

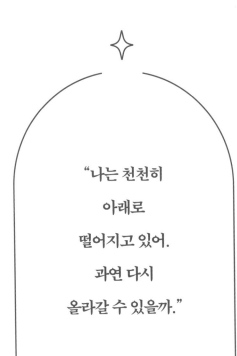

"나는 천천히
아래로
떨어지고 있어.
과연 다시
올라갈 수 있을까."

40년에 걸친
　정체불명의 병과의
싸움

찰
스　다
　원

『종의 기원』의 저자 찰스 다윈. 그는 인간과 생명에 대한 사람들의 사고방식을 바꿔 놓은 인물이다. 세계와 자연에 대한 이해의 지평을 새롭게 열었으며 생물학을 비롯한 자연과학부터 심리학, 역사학, 철학 같은 인문학에 이르기까지 모든 분야에 커다란 영향을 미쳤다.

그런데 다윈의 연구들이 갖는 의미와 지대한 영향을 논하는 사람은 많지만, 그가 평생 동안 싸워야 했던 병에 대해 말하는 사람은 별로 없다. 다윈의 업적에 대해 아는 사람은 많지만, 그것이 병이라는 질기고 깊은 고통 속에서 한 걸음 두 걸음 가까스로 이룬 것이라는 사실을 아는 사람은 거의 없다.

다윈의 업적은 그의 병을 떼어 놓고는 생각할 수 없다고 해도 과언이 아니다. 병은 그의 삶을 완전히 바꿔 놓았고, 그 바뀐 삶 속에서 다윈의 업적이 태어났기 때문이다.

다윈 없는

다윈 토론회

『종의 기원』은 판매 개시 당일에 초판 1,250부가 완판 매진될 정도로 세간의 주목을 끌었다. 수많은 서평과 기사들이 쏟아졌으며, 풍자만화의 단골 소재가 될 만큼 화젯거리였다. 만화 속에서 다윈은 꼬리가 긴 원숭이의 모습으로 그려졌다.

다윈의 집에는 수많은 편지가 날아들었다. 익명 혹은 실명으로 된 그 편지들은 악평부터 극찬까지, 조롱과 비난부터 지지와 찬사까지 다양한 반응을 담고 있었다. 어떤 이는 다윈을 '금세기 자연사(Natural History)에서 가장 위대한 혁명가'라고 칭찬했으며, 어떤 이는 '영국에서 가장 위험한 인물'이라고 혐오감을 드러냈다.[1] 아마 다윈이 오늘날 살았다면 그와 관련된 모든 기사에는 셀 수 없이 많은 댓글들이 줄지어 달리곤 했을 것이다. 그는 생각할 수 있는 모든 방법으로 자신이 두들겨 맞고 있다고 하소연했다.[2]

『종의 기원』 출간 6개월 뒤인 1860년 6월 말, 옥스퍼드에서 영국과학발전협회(British Association for the Advancement of Sience)의 연례행사가 열렸다. 매년 일주일 동안 열리는 이 행사는 과학 분야의 최신 이론과 주요 연구들이 발표, 토론되는 자리로서 영국의 내로라하는 과학자들은 물론 그 가족과 일반인들까지 널리 참여하는 공개된 장이었다. 1860년, 그해의 주인공은 단연 다윈과 『종의 기원』이었다.

예상보다 훨씬 많은 사람들이 몰려든 바람에 주최 측은 서둘러 토론회장을 더 큰 방으로 옮겨야 했다. 토론회의 열기는 뜨겁다 못해 폭발할 지경이었다. 영국 국교회 옥스퍼드 주교인 새뮤얼 윌버포스가 포문을 열었다. 그는 인간과 하등동물의 구분은 명확한 것이라며 원숭이가 사람의 조상이라니 말이 되느냐고 일갈했다. 그러면서 다윈 지지자인 헉슬리에게 조롱 섞인 질문을 던졌다.

"그런데 원숭이 조상이 할아버지 쪽입니까, 할머니 쪽입니까?"[3]

헉슬리는 열정적인 어조로 다윈의 이론을 옹호했고, 이어서 식물학자 후커, 고고학자 존 러벅이 차례로 지지 발언을 했다. 모두들 자신이 그날 가장 잘했다고 생각했을 만큼 뜨겁고 강렬한 연설들을 쏟아 냈다.

청중은 때로는 환호하고 때로는 숨죽여 경청했으며 간간이 웃음을 터뜨렸다. 박수를 치고 소리를 지르고 팸플릿을 흔들어 대며 모자를 벗어 연호했다. 토론회장의 열기는 천장이라도 뚫을 것 같았다. 그 격렬함과 강렬함에 청중 가운데 한 여성이 그만 기절하고 말았다. 그녀는 물리학자 데이비드 브루스터의 아내였다.[4] 네 시간의 치열한 공방 끝에 토론회는 막을 내렸다.

이날의 토론은 사람들 마음속에 잠들어 있던 인간이란 존재에 대한 의문과 성찰을 논쟁의 표면으로 끄집어 올리고 다윈의 이론을 공공의 화두로 만드는 중요한 계기가 되었다. 토론회는 끝났지만 이날의 풍경은 덧붙여지기도 하고 혹은 단순화되기도 하면서 회자되었다. 그런데 정작 토론회의 주인공 다윈은 거기 있지 않았다. 그토록 격렬했던 토론, 뜨거웠던 열기, 모두가 당사자인 다윈의 부재 속에서 벌어진 일이었다. 다윈 없는 다윈에 대한 토론이었다. 그때 다윈은 런던 근교의 서리 주 리치먼드에 있는 물 치료 요양소 서드브룩 파크(Sudbrook Park)에 있었다. 20년 넘게 그를 괴롭혀 온 병이 악화되어 그를 쓰러뜨렸기 때문이다.

30살 즈음에
시작된 병

다윈이 『종의 기원』을 완성하는 데는 20년이란 시간이 걸렸다. 그런데 그 20년을 포함하여 무려 40년간 다윈은 병에 시달렸다. 30살 전후의 어느 즈음에 시작된 병은 악화와 완화를 반복하며 다윈의 생애 내내 그를 고통스럽게 했다.

다음은 옥스퍼드 토론회 5년 뒤인 1865년 5월 20일, 다윈이 의사 채프먼에게 써 보낸 메모이다. 진찰을 앞두고 자신의 증상에 대해 간략히 요약한 것이었다.

"25년 동안 밤낮 없이 돌발적이고 극심한 배 속 부글거림. 잦은 구토. 몇 달 동안 구토를 계속한 적도 두 차례 있음. 구토 전에 몸의 떨림, 히스테리컬한 울음, 죽을 것 같은 또는 기절할 것 같은 기분이 들고 아주 흐릿한 색깔의 소변이 대량으로 나옴. 그런 다음 구토를 함. 지금은 구토와 부글거림 전에 귀 울림, 공중을 떠다니는 느낌이 듦. 눈앞에 검은 반점이 보임…… 아내 엠마가 없으면 불안함…… 의사들은 억제된 통풍이라고 함. 장기의 문제는 없다고 함…… 2분의 1마일(800미터) 이상 걸을 수 없음. 항상 피곤 – 대화나 흥분은 나를 아주 지치게 만듦."[5]

다윈 스스로 이야기한 구체적인 증상이다. 구토, 배 속 부글거림, 덜덜 떨림, 죽을 것 같은 느낌, 공중을 떠다니는 느낌, 어지러움, 극심한 피로감…… 이런 증상들을 무려 25년 동안 겪고 있다고 호소하고 있다. 이 메모에는 등장하지 않지만 심한 심장 두근거림, 피부 발진도 다윈이 겪는 주요 증상이었다.

다윈을 진료한 또 다른 의사 닥터 레인의 말을 들어보자. 이것은 오늘날 유일하게 남아 있는 다윈을 진료한 의사의 기록이다.

"다윈처럼 고통이 통렬한 경우는 생각하기가 어렵습니다. 심한 발작이 일어나면 그는 고통으로 거의 부서지는 것 같았고, 신경 시스템은 심각하게 흔들렸으며, 괴로울 정도로 거대한 일시적 우울증이 뒤따랐습니다."[6]

다윈은 20대 초중반에 비글호를 타고 지구를 한 바퀴 돌았다. 영국을 떠나 대서양을 가로질러 남아메리카를 섭렵하고 태평양을 건너 타히티, 뉴질랜드, 오스트레일리아, 아프리카 희망봉를 거쳐 5년 만에 귀국했다. 그런데 귀국 후 다윈은 죽을 때까지 단 한 번도 영국 밖으로 나가지 못했다. 영국은커녕 자기 동네도 잘 벗어나지 못했다. 병 때문이었다.

"형의 초대를 받아들여 샌다운을 방문할 수 있다면 얼마나 좋을까. 그러나 나는 어디에도 갈 수 없게 되어 버린 지 오래야. 새로움과 흥분은 나를 전멸시켜."[7]

6촌 형 폭스의 초대를 받고 다윈이 쓴 답장이다.

그런가 하면 강연 몇 분 하고는 온종일 구토와 피로에 시달렸다.

"학회에서 몇 분간 강연을 했네. 상당히 괜찮았지. 그런데 강연 후 24시간 내내 구토를 했다네."[8]

다윈이 식물학자 후커에게 쓴 편지다.

다중 앞에서의 연설은 물론 일대일 대화도 힘들어했다. 금방 지치기 때문이었다. 다윈의 심장은 거의 언제나 터질 듯 두

근거렸으며, 위장은 밤이고 낮이고 좋지 않았다.[9] 심할 때는 펜을 들 기운조차 없었기 때문에 편지 쓸 일이 있으면 다윈이 구술하고 아내 엠마나 딸 헨리에타가 받아 적었다. 그조차 어려울 때는 아예 엠마가 직접 쓰고, 서명도 대신했다.

요컨대, 아주 작은 자극이나 긴장, 흥분에도 으레 지독한 고통이 엄습해 오곤 했다. 일상을 흩뜨리는 크고 작은 모든 사건이 병을 일으켰다.[10]

아무도 만나지 않고 아무 데도 가지 않아야 했다. 여느 학자들처럼 다중 앞에서 강연을 하거나 학회와 모임에 참석하여 동료들과 교류할 수도, 친교를 맺을 수도 없었다. 집을 떠나지 않았으며, 불가피하게 외출할 때는 아내 엠마가 동행하여 곁을 지켰다. 치료차 요양소에 갈 때도 온 가족이 다 같이 갔다. 엠마가 한시라도 옆에 없으면 다윈은 불안해했다.

다윈이 할 수 있는 것은 자신의 일상을 동요 없이 유지하는 일, 그러면서 가능한 한 조금씩이라도 연구를 계속하는 것, 그것뿐이었다고 해도 과언이 아니다. 옥스퍼드 토론회에 다윈이 불참한 이유가 거기 있었다.

9살 다윈

찰스 다윈은 1809년 2월 12일 영국 중부의 슈루즈베리에서 태어났다. 아버지 로버트 다윈은 마을에서 존경받는 의사였으며, 어머니 수재나는 도자기로 유명한 웨지우드 집안의 맏딸이었다. 오늘날에도 특유의 문양과 색채로 애호가의 눈을 끄는 웨지우드 도자기 회사의 설립자가 수재나의 아버지다.

다윈은 6남매 중 다섯 번째로 누나 셋과 형, 여동생이 있다. 어린 시절 다윈은 온화하고 인정 많은 아이였다. 딱 한 번 강아지를 때린 일이 몹시 마음에 걸려 그 뒤로 평생 개를 사랑했으며, 좋아하는 새알 수집을 할 때는 둥지에서 절대로 한 개 이상 꺼내 오지 않았다.[1]

다윈이 8살이 되던 해 여름, 어머니 수재나가 세상을 떠났다. 평소 병약했던 그녀는 심한 복통을 앓다가 1817년 7월, 숨을 거두었다. 나이 52세.

다윈은 어머니에 대한 기억도, 어머니의 죽음에 대한 기억도 별로 없다고 자서전에서 털어놓고 있다. 그가 기억하는 어머니는 임종 침상에서의 마지막 모습과 검은 벨벳 옷뿐이었다.[2]

다윈은 평생 동안 수많은 기록을 남겼지만 자서전의 이 부분을 제외하고는 어머니에 대한 기록은 거의 발견되지 않는다. 다윈의 기억 속에 어머니는 부재한다고 해도 과언이 아니다. 어쩌면 마음속 깊이 가라앉혀 버렸는지도 모른다. 훗날, 다윈은 어머니에 대한 자신의 망각은 누나들과 관련 있다면서, 어머니 얘기를 하면 누나들이 너무나 슬퍼했기 때문에 차마 입에 올릴 수 없었다고 했다.[13]

어머니가 세상을 떠난 이듬해 여름, 9살이 된 다윈은 기숙학교에 입학했다. 어머니 사망 전에 계획되었던 일이었다. 학교는 집에서 1마일(약 1.6킬로미터), 15분 거리밖에 떨어져 있지 않았지만 기숙사 생활을 해야 하는 다윈에게는 생애 최초로 가족과 분리되는 경험이었다.

어머니를 잃은 지 1년밖에 안 된 9살 아이가 가족과 완전히 분리되어 낯선 사람들과 엄격한 기숙사 생활을 하는 것은 쉽지 않은 일이었을 것이다. 다윈의 전기를 쓴 과학사학자 재닛 브라운은 이 기숙학교 입학이 어쩌면 어머니의 죽음보다 다윈에게 더 큰 영향을 미쳤을지 모른다고 했다.[14]

어쨌든 다윈은 나름의 해결 방안을 찾아냈다. 하루 일과가 끝나고 잠깐 틈이 나면 얼른 집으로 달려갔다가 기숙사의 문이 닫히기 전에 돌아오는 것이었다. 숨을 헐떡이며 달려서 잠깐 동안 누나들 얼굴을 보고 다시 달려가는 아이. 9살 다윈이었다.

"저를 믿어 주십시오"

7년간의 기숙학교 시절, 다윈은 특별히 뛰어나지도 않고 그렇다고 눈에 띄게 뒤떨어지지도 않은 지극히 평범한 아이였다. 흥미를 느끼는 것에는 깊이 빠져들었지만 학교 성적은 신통치 않았다. 다윈이 좋아한 것은 수집이었다. 조개, 동전, 광물 등 관심 가는 것은 뭐든지 모아들였다. 이런 다윈이 아버지에게 달가울 리 없었다. 한번은 화가 난 아버지가 다윈에게 말했다.

"너는 사냥, 강아지, 쥐 잡는 것 말고는 도대체 아무 데도 관심이 없구나. 그러다가는 너 자신에게는 물론 온 집안의 수치가 될 거다."[15]

16살이 된 다윈은 1825년 10월, 형 에라스무스와 함께 영국 북부 스코틀랜드에 있는 에든버러 의대에 입학했다. 아들의 장래가 걱정스러웠던 아버지의 권유에 따른 것이었다. 에든버러 의대는 아버지의 모교이기도 했다.

그러나 의학은 다윈이 그리 좋아한 공부가 아니었다. 특히 다윈은 수술실을 견디기 어려워했다. 당시는 마취제가 나오기 전이었기 때문에 수술 받는 환자는 엄청난 고통을 겪어야 했다. 수술실에 출석했던 다윈은 마취도 없이 수술하는 장면을 보고는 그만 뛰쳐나오고 말았다. 두 번이나. 그 뒤로 다시는 수술실에 들어가지 않았으며,[16] 결국 2년 만에 의대를 그만두었다.

다윈의 다음 행보는 성직자가 되는 것이었다. 훗날 그가 제창한 이론에 비추어 보면 의외라고 생각될지 모르나, 다윈은 케임브리지 크라이스트 칼리지에 입학한 성직자 지망생이었다. 이 또한 아버지의 권유에 따른 것이었다. 아들이 안정되고 존경받는 직업을 갖기 바랐던 아버지는 의사가 안 맞으면 성직자가 되라고 권했고, 다윈은 순순히 따랐다.

당시 영국 사회에서 의사, 성직자, 법률가, 은행가는 안정된 수입과 사회적 존중이 보장된 유망한 직업으로 꼽혔다. 졸업 후 한적한 동네의 교구 목사가 되어 성직자로 복무하면서 취미로 과학을 연구하는 것이 다윈이 꿈꾼 미래였다.

다윈은 유쾌하고 활달한 청년이었다. 에든버러 시절 의학 공부는 뒷전이고 사냥과 여행에 빠졌듯이, 케임브리지에서도 그는 신학 공부보다 사냥, 승마, 사격을 즐겼다. 그러나 뭐니 뭐니 해도 그를 사로잡은 것은 수집이었다. 특히 딱정벌레 수집. 그가 얼마나 딱정벌레에 몰두해 있었는지 잘 알려 주는 일화가 있다.

어느 날, 다윈은 희귀한 딱정벌레 두 마리를 발견했다. 얼른 양손에 한 마리씩 집어들었다. 순간, 세 번째 딱정벌레가 나타났다. 놓칠 수 없었던 다윈은 잠시 망설이다가 오른손에 든 딱정벌레를 입안에 넣었다. 그러자 놀란 딱정벌레가 분비액을 싸 버렸다. 얼마나 독한지 혀가 타들어 가는 것 같았다. 다윈은 펄쩍 뛰며 딱정벌레를 뱉어 냈고, 결국 세 번째 것까지 놓치고 말았다.[17]

1831년 1월, 다윈은 최종 학위시험을 178명 중 10등이라는 우수한 성적으로 통과했다. 이제 다윈 앞에는 교구 목사가 되어 안정되게 살아가는 삶이 기다리고 있었다.

그런데 학위시험 통과 7개월 뒤, 다윈은 한 통의 편지를 받았다. 케임브리지의 헨슬로 교수가 보낸 것이었다. 남아메리카로 떠나는 해군 측량선 비글호의 선장 피츠로이가 항해에 동승할 젊은 학자를 구한다는 소식이었다.

다윈은 뛸 듯이 기뻐하며 아버지의 허락을 구했다. 그러나 아버지는 강력히 반대했다. 의사 되라고 의대 보냈더니 중간에 그만둬 버리고, 성직자 되라고 케임브리지 보내서 졸업시험 통과까지 했는데 배를 타겠다니, 납득할 수 없는 일이었다. 게다가 무사히 돌아온다는 보장도 없었다.

포기하려던 다윈은 외삼촌 조슈아 웨지우드의 격려에 힘입어 다시 한번 아버지에게 간청하는 편지를 썼다. 다윈은 이렇게 편지를 끝맺었다.

"아버지, 저를 믿어 주십시오."[18]

군함 비글호를 탄
22살의 청년 다윈

1831년 12월 27일 비글호는 영국 플리머스를 출발했다. 흔히들 비글호 하면 갈라파고스를 떠올리지만, 비글호의 목적지는 남아메리카 남쪽 끝에 있는 티에라델푸에고 섬이었다. 갈라파고스는 항해 도중 들른 여러 기착지 가운데 하나이다. 비글호는 티에라델푸에고 및 남아메리카 해안의 지리적 측량과 수로 측량, 지도 작성의 임무를 띠고 있었다.

다윈이 살았던 19세기는 제국주의 시대라 불린다. 당시 영국은 지구상 곳곳에 식민지를 둔 대영제국으로서 '해가 지지 않는 나라'라 일컬어지며 전성기를 누렸다. 이 시기의 대부분을 다스린 왕이 빅토리아 여왕이었으므로 흔히 빅토리아 시대라 부른다.

이미 18세기부터 영국은 배를 타고 바다로 나가 세계 곳곳을 탐험했다. 영국만이 아니었다. 프랑스, 독일 등 서양 열강은 앞다투어 탐험과 측량 활동에 나섰으며, 이들 배는 아프리카, 아메리카, 아시아에 도착하여 자신들이 그때까지 알지 못했던 나라와 섬, 거기 살고 있는 사람들과 첫 만남을 가졌다. 그리고 자신들이 본 것에 이름을 붙였다. 우리나라 울릉도에 처음 온 프랑스 군함 부솔호가 배에 타고 있던 천문학자 다줄레의 이름을 따서 울릉도를 다줄레 섬이라고 명명한 것이 1787년의 일이다.

이와 같은 활동의 선두에 각국의 해군이 있었다. 이들 배에는 지질학자, 식물학자, 천문학자 같은 과학자들이 동승하곤 했다. 이들은 처음 보는 진기한 동식물을 수집하고, 그를 토대로 책과 논문을 발표했으며, 흥미진진한 경험을 담은 여행기를 쓰기도 했다.

22살의 청년 다윈이 비글호라는 군함을 타게 된 것은 이 같은 시대의 흐름 속에서 이루어진 일이었다. 그러고 보면 다윈의 진화론은 19세기 제국주의 영국이 태동시킨 작품이었다고 할 수 있을 것이다. 다윈이 그 점을 인지하고 있었는지는 알 수 없지만.

성직자에서
과학자로

비글호 항해 5년 중 다윈은 바다에 있었던 시간보다 육지에서 보낸 시간이 훨씬 많다. 비글호가 기착지에서 측량 임무를 수행할 동안 다윈은 육지에 상륙하여 탐사활동을 했다. 총 37번 상륙했는데 한번 상륙하면 대체로 2주 이상 머물렀으

며, 3~4개월씩 안데스 산맥, 파타고니아 고원 등을 여행하기도 했다.[19]

그러면서 다윈은 남아메리카의 풍광을 만끽하고 다양한 동식물을 채집했으며, 낯선 지역의 지질과 지형을 조사했다. 남아메리카의 멸종 동물인 밀로돈을 비롯한 새로운 화석을 발견하는 개가도 올렸다.[20] 탐사를 마치면 출항 일정에 맞춰 비글호로 돌아와 다음 행선지로 향했다.

출항한 지 4년 만인 1835년 9월 15일 비글호는 에콰도르에서 약 600마일 떨어진 바다, 적도에 있는 10여 개의 섬에 닻을 내렸다.[21] 갈라파고스 제도였다. 그러니까 갈라파고스에 간 것은 항해 초반이 아니라 후반의 일이다. 섬들 가운데 하나인 찰스 섬은 에콰도르의 유형지로서 죄수들이 살고 있었다.

다윈은 섬을 누비며 표본을 수집했다. 영국에는 알려진 적 없는 동식물들이 즐비했다. 이곳 동물들은 사람을 전혀 무서워하지 않았으며 그 종류와 분포상이 매우 특별했다. 마치 '시간이 잊어버린 땅' 같다고 다윈은 생각했다.[22]

그렇지만 다윈은 이곳에서 자신이 목격하고 수집, 연구한 것들이 무엇을 의미하는지 아직 알지 못했다. 사실 갈라파고스를 특별히 마음에 담아 둔 것도 아니었다. 갈라파고스 수집품의 중요함과 그것이 의미하는 바를 깨닫게 된 것은 영국에 돌아와 한참 시간이 흐른 뒤였다.

다윈은 진화론이라는 가설을 먼저 세우고 그 근거를 찾기 위해 떠난 것이 아니다. 반대로 수많은 자료들을 수집하고 관찰, 실험한 끝에 그로부터 결론을 도출한 것이다. 그의 연구방식은 철저히 귀납법이었다.

"저처럼 준비 안 된 채로 시작한 사람은 아마 없을 겁니다. …… 저의 공부는 실은 비글호에서 시작되었어요."[23]

다윈이 생리학자 프레이어에게 보낸 이 편지는 겸손과 함께 솔직함이 드러나 있다.

다윈은 안데스 산맥을 오르고 파타고니아 초원을 내달리며 충만된 기쁨을 느꼈다. 산 정상에 올라 일몰을 바라보았으며 산맥 형성 과정을 상상하며 탄성을 질렀다. 그리고 마침내 자연과학자가 되겠다는 소망을 품게 되었다. 그는 결심했다. 과학에 조금이나마 기여할 수 있다면 자신의 인생에서 그보다 더 잘할 수 있는 일은 없을 거라고.[24]

비글호 항해는 성직자의 길을 가려던 한 젊은이를 과학자가 되고픈 열망을 품은 젊은이로 바꿔 놓았다.

1836년 10월 2일, 비글호는 마침내 영국 팰머스 항구에 도착했다. 그리고 3일 뒤 10월 5일 아침, 다윈은 슈루즈베리의 집 현관에 섰다. 떠난 지 꼭 5년하고도 3일이었다. 22살의 앳된 청년이었던 다윈은 이제 27살이 되어 있었다.

병의 시작

다윈은 과학계의 떠오르는 샛별이었다. 많은 사람들을 만났고, 많은 사람들이 그를 만나고 싶어 했다. 지질학회 회장 라이엘을 비롯해 유력 인사들과 교분을 텄으며 온갖 모임, 만찬, 파티에 참여하며 분주히 오갔다.

해야 할 일이 산적해 있었다. 항해 중 수집한 수많은 표본들을 분류, 분석하고 논문을 발표해야 했으며 각종 일지와 기록을 정리하고 여행기를 집필해야 했다.

그런데 그 무렵, 다윈의 마음속에서 뭔가가 자라기 시작했다. 수많은 표본들이 입을 모아 말하고 있는 것을 어렴풋이 감지하기 시작한 것이다. 다윈은 꿈틀대는 생각들을 노트에 적기 시작했다. 귀국한 지 9개월 뒤인 1837년 7월의 일이다.

노트에 이름을 붙였다. 노트 'A'는 지질학에 관한 것, 노트 'B'는 마음속 생각을 적었다. 노트 'B'. 이것이야말로 다윈이 진화에 대한 자신의 최초 생각들을 담아 놓은 비밀 보고이다. '종의 변이(Transmutation of species)', 즉 종은 고정불변의 것이 아니며 각각 독립적으로 탄생한 것도 아니라는 생각이 그것이었다.

다윈은 노트를 항상 갖고 다니면서 언제 어디서든 생각이 떠오를 때마다 꺼내 적었다. 모임 도중에도, 사람들과 얘기하다가도, 마차 안에서도. 노트에는 과학적 아이디어는 물론 세상과 자연, 생명에 대한 다윈의 사색과 성찰이 그대로 적혔다. 이따금 자신의 건강 상태나 감정 등이 적히기도 했다. 아마도 다윈에게는 그 또한 관찰의 대상이었을 것이다. 다윈은 변화하고 있었으며, 노트는 변화하는 그의 생각과 삶을 기록하고 있었다.

그리고 다윈은 결혼을 했다. 신부는 한 살 위인 사촌 엠마 웨지우드. 외삼촌 조슈아 웨지우드의 딸이다. 당시 영국에서는 이 같은 사촌 간의 결혼이 특별하거나 이상한 일이 전혀 아니었으며 오히려 선호되는 것이었다. 빅토리아 여왕 부부도 사촌 간 결혼이다.

웨지우드와 다윈 가는 여러 번의 사촌 간 결혼으로 맺어졌다. 다윈의 부모, 다윈의 누나 캐롤라인 부부, 그리고 다윈 자신, 모두 다윈과 웨지우드의 결혼이었다.

신혼생활은 순탄하고 행복했다. 과학계에서 다윈의 지위와 미래도 순탄했다. 모든 것이 탄탄대로였다. 단 한 가지, 다윈의 건강은 그렇지 못했다.

그 무렵, 다윈은 알 수 없는 병에 서서히 사로잡히기 시작했다. 평생 그를 괴롭힌 병의 시작이었다. 처음 느낀 증상은 심장이었다.

"저는 요즘 불편한 심장 두근거림으로 건강이 매우 좋지 않습니다. 의사들은 일을 전부 내려놓고 시골에 가서 몇 주 지내라고 강력히 권하고 있습니다."[25]

헨슬로 교수에게 보낸 편지다. 다윈의 나이 28살인 1837년 9월 20일에 쓴 이 편지는 다윈이 자신의 병에 대해 남겨 놓은 가장 빠른 기록이다.

그로부터 24일 뒤인 1837년 10월 14일, 다윈은 헨슬로에게 또 편지를 쓴다.

"요즘에는 조금이라도 흥분하면 완전히 지쳐 버립니다. 그리고 심장이 몹시 격렬하게 뜁니다."[26]

1년 뒤인 1838년 7월에는 노트 'M'에 이런 기록을 남겼다.

"한밤중에 몸이 안 좋아서 잠에서 깼다. 내 이성은 아무 일도 아니라고 웃으며 말했지만, 나는 극심한 무서움을 느꼈다."[27]

그다음 찾아온 증상은 두통이었다. 다윈은 결혼식 직전 이틀 동안 심한 두통을 앓았다. 결혼을 할 수 있을지 모르겠다고 생각할 정도로 심한 두통이었다.[28]

그리고 구토. 첫아이 출산 3일 전, 다윈은 심한 구토를 했다. 구토만 일어난 게 아니었다. 두통, 실신, 덜덜 떨림, 경련, 마비, 배 속 부글거림, 극도의 피로와 탈진……[29] 이런 증세가 다윈을 온통 사로잡았다.

모든 일은 중단되었다. 다윈은 펜을 들 기력조차 없었다. 저술은 고사하고 편지도 쓸 수 없었다.

"아무것도 할 수 없었어. 지난 6개월 동안은 펜을 들기도 어려웠으며 모든 것이 뒤로 돌아갔어. 몹시 당황스런 일이지만 인내 외에는 다른 도리가 없어."[30]

다윈이 6촌 형 폭스에게 쓴 편지다.

이때 다윈의 나이는 서른. 이렇게 시작된 병은 이후 40년간 그를 떠나지 않았다.

일체의 사회활동을 중단한
33살의 은둔자

다윈은 결심했다. 런던을 떠나기로. 촉망받는 젊은 과학자 다윈이 수도 런던에서 살고자 한 건 지극히 당연한 일이었다. 연구를 하고 주요 인사들과 교류하려면 그것이 훨씬 유리했다. 그랬던 다윈이 마음을 바꾸는 건 쉽지 않은 일이었을 것이다. 수도 런던을 떠나 시골로 가는 건 추방당하는 거나 마찬가지라는 지질학자 라이엘의 생각은 비단 라이엘만의 것이 아니었다.

하지만 당시 결심에 대해 다윈이 자서전에 남긴 기록은 담담하다 못해 건조하다.

"통상적인 모임이나 학회에 나가는 것이 내 건강에는 아주 좋지 않았으므로 시골에서 살기로 결심했다."[31]

다윈은 런던에서 16마일(약 25킬로미터) 떨어진 켄트 주 브롬리의 다운 마을에 집을 구했다. 낡은 집이었지만 수리하면 괜찮을 것 같았다. 집의 이름은 다운하우스. 주변에 너른 들판과 나무들이 있고, 멀지 않은 곳에 기차역도 있었다. 마음먹으면 언제든 기차를 타고 런던에 갈 수 있었다.

마침내 1842년 9월, 다윈은 런던 생활을 청산하고 다운으로 이사했다. 동시에 모든 모임과 사교 활동을 중단했다. 다윈의 삶은 세계 일주를 하고 왕성한 활동을 펼치던 젊은 학자에서 일체의 사회활동을 중단한 은둔자로 바뀌었다. 다윈의 나이 33살, 비글호에서 돌아온 지 불과 6년 뒤의 일이다.

그 후 다윈은 생을 마칠 때까지 이곳 다운하우스에서 살았다. 『종의 기원』을 비롯한 일련의 저작들은 모두 여기서 탄생했다. 다운하우스는 그의 은둔처이자 안식처요 연구소이자 실험실이었다. 서재 한구석에는 커튼으로 가린 화장실이 있었다. 발작처럼 갑자기 터져 나오는 구토에 대비한 것이었다.[32]

아무도 병명을
모른다

그런데 문제는 어떤 의사도 무슨 병인지 명확히 모른다는 것
이었다. 증상은 있는데 원인을 알 수 없었다. 다윈은 당시 이름
난 의사는 거의 다 만나 본 것 같다. 기록에 남아 있는 의사만
도 십여 명에 이른다. 그들은 저마다 이런저런 진단과 처방을
내놓았지만 어떤 것도 다윈을 낫게 해 주지 못했다. 일시적으
로 효과가 있다가도 이내 원래 상태가 되기 일쑤였다.

어떤 의사는 소화불량이라고 진단했고, 다른 의사는 다윈
의 병이 당시 알려져 있는 어떤 질병 분류에도 들어맞지 않는
다면서 소화불량이라기보다는 '억제된 통풍'에 가깝다고 했
다.[33] 당시 의사들은 통풍이 소화기 장애를 일으킨다고 생각
했다.[34]

그런가 하면 또 다른 의사는 위장이나 심장, 뇌 같은 장기는
정상이라면서 미네랄 에시드(mmineral acid)를 처방했다.[35] 척추
얼음찜질, 식이요법을 처방한 의사도 있었다.

의사가 준 처방 외에도 다윈은 여러 가지 시도를 했다. 비
소, 아편을 먹기도 하고, 좋다는 연고를 배에 바르기도 하고,
하루 두 개 레몬 먹기, 오존 물 마시기, 심지어 전기 체인을 몸
에 감는 것도 해 보았다.[36] 좋다는 것, 효험 있다는 것은 다 시

도해 본 것이다. 할 수 있는 건 다 했다고 할까. 그러나 그 어느 것도 다윈을 낫게 해 주지 않았다.

그중에서 제일 오래 지속했고 비록 일시적일지언정 다윈에게 안정을 안겨 준 것은 물 치료였다. 물 치료는 당시 영국에서 유행하던 것으로서 냉수욕, 냉수마찰, 마사지, 증기목욕과 식이요법, 걷기 등으로 구성된 일종의 건강 관리 프로그램이라고 할 수 있다. 옥스퍼드 토론회 날 다윈이 가 있었던 곳은 바로 이런 물 치료 요양소였다.

『종의 기원』이 출간된 날도 다윈은 물 치료 요양소에 있었다. 『종의 기원』을 쓸 때 다윈은 끊임없는 통증 때문에 20분 이상 지속해서 글을 쓸 수 없었으며,[37] 탈고 직후에는 일어나 앉기도 어려웠다.[38]

안데스 산맥을 거침없이 오르고 파타고니아 평원을 내달리고 지진과 화산 폭발을 목도했으며 오지와 빙하를 섭렵하던 다윈. 자신의 처지에 어찌 절망하지 않았으랴. 그는 6촌 형 폭스에게 이렇게 말했다.

"나는 둔하고 기운 없는 늙은 개가 되었어."[39]

다윈을 지탱해 준
시계 같은 규칙 생활

한 번에 한 시간 내지 한 시간 반 이상 계속 일할 수 없다. 한 시간 이상 대화할 수 없다. 여행을 할 수 없고, 친구나 지인 방문, 연회, 파티, 각종 모임에 갈 수 없으며, 강연, 장례식, 시상식 같은 다중이 모이는 곳에 갈 수 없다. 닫힌 방 같은 밀폐된 공간에서 답답함과 더위, 극도의 피곤을 느낀다. 그리고 발작처럼 수시로 엄습하는 구토, 두통, 머리가 빙빙 도는 현기증, 부들부들 떨리는 경련, 기절할 것 같은 느낌, 눈앞의 검은 점, 죽을 것 같은 기분…… 그런데 정확한 병명도 모르고 나을 수 있는지조차 알 수 없다. 이것이 다윈이 처한 상황이었다.

다윈이 이 상황에서 택할 수 있는 유일한 방법은 적응뿐이었다. 적응해야 했다, 어떻게든.

다윈은 자신의 하루를 철저히 조직했다. 아침에 일어나 한 시간 내지 한 시간 반 연구하고, 산책하고 휴식, 다시 한 시간 남짓 연구, 식사, 산책, 휴식, 연구, 산책, 휴식…… 이런 식으로 연구와 휴식, 산책을 교대로 반복하는 시간표를 짜서 실천에 옮겼다.

그가 어찌나 시간표를 정확히 지켰는지 다윈의 아이들은 서재 문이 열리는 소리를 듣고 시계를 맞추곤 했다. 아이들에게 오전 10시란 아버지의 휴식 시간이요, 오후 4시는 아버지의 산책 시작 시간이었다.

쉴 때는 소파나 침대에 반듯하게 누워 아내 엠마가 읽어 주는 소설책을 듣거나 엠마의 피아노 연주를 들었다. 엠마는 훌륭한 연주자였다. 그러니까 연구하는 시간, 산책하는 시간을 빼고는 하루의 대부분을 누워 지내는 셈이다. 이 시계 같은 생활을 매일 반복했다. 휴일, 주말 없이.

이런 생활방식은 남들처럼 장시간 일할 수 없는 상태에서 어떻게든 연구 시간을 확보하려는 다윈의 눈물겨운(?) 노력이었다. 병이라는 상황에 대한 다윈 나름의 적응이라고도 할 수 있을 것이다.

많은 것을 포기하고 잃어버린 가운데 이룩한 이 시계 같은 생활이야말로 알 수 없는 병으로부터 그를 지켜주고 하루 몇 시간이나마 연구를 하게 해 준, 다윈의 삶을 지탱해 준 버팀목이었다. 『종의 기원』을 비롯한 그의 일련의 연구는 이 시계 같은 생활이 낳은 작품들이다.

1864년 다윈이 영국 왕립학회가 주는 최고 명예인 코플리 메달 수상자로 결정되었을 때, 추천자인 고생물학자 팔코너는 이렇게 말했다.

"다윈의 연구 가치와 범위를 평가하는 데 있어 그것이 끊임없는 병이라는 중압감 속에서 이루어진 것이라는 점이 고려

되어야 한다고 생각합니다. 그는 지금도 하루 한두 시간밖에 일할 수 없다고 합니다."[40]

코플리 메달 수여식은 다윈 없이 진행되었다. 병 때문에 참석할 수 없는 그를 대신하여 다른 사람이 대리 수상했다.

'건강 일기', 자신의 병을 관찰하다

다윈은 매일 '건강 일기(Diary of Health)'를 썼다.[41] 그 일기는 그날의 사건이나 감상을 적는 보통의 일기가 아니라 일종의 관찰일지라고 할 수 있다. 그는 식물이나 곤충을 관찰하듯이 자신의 병을 관찰하고, 관찰일기 쓰듯 건강 일기를 썼다.

다윈이 그토록 오래 고통에 시달렸으면서도 심한 우울증에 빠지거나 자살 충동을 보이거나 하지 않았던 이유, 삶이 파괴되지 않고 유지될 수 있었던 비결이 거기 있는지도 모르겠다. 자신의 병을 꾸준히 관찰, 기록함으로써 병과 거리를 두고 병을 바라보며 객관화시킬 수 있었던 것 아닐는지. 그 같은 거리 두기와 객관화는 고통 자체를 줄이거나 없애 주지는 않지만 고통에 먹히거나 사로잡히지 않게 해 줄 수 있다.

다윈은 매일 증상의 내용, 정도, 횟수를 기록하고 통계를 냈다. 자신의 몸 상태를 'well', 'well very', 'bad' 등의 단계로 구분 짓고, 그날의 총평을 그중 하나로 기록한 다음, 밑줄을 한 개 또는 두 개 그어서 정도를 표시했다. 밑줄을 두 줄 그은 날은 몸 상태가 좋고 따라서 연구도 잘된 날이다.[42]

5년 반에 걸친 건강 일기를 살펴보면, 밑줄 두 줄이 한 달에 20일 이상 되는 달은 겨우 6번뿐이다. 반면, 밑줄 두 줄이 한 달의 절반에 못 미치는 달은 무려 49번, 75퍼센트에 달한다. 거의 언제나 몸이 안 좋다는 뜻이다. 밑줄 두 줄이 한 달에 단 하루뿐이거나 2, 3일밖에 안 되는 달도 여러 번이다.[43]

시계 같은 규칙 생활, 그리고 병의 객관화. 다윈은 이를 통해 오랜 고통 속에서도 삶을 끝까지 유지했을 뿐 아니라 그 누구도 따라가기 어려운 업적을 이루었다. 『종의 기원』 3부작이라 불리는 『인간의 유래와 성 선택』, 『인간과 동물의 감정 표현』을 비롯해 8권의 저서와 55편의 논문을 썼다. 하나하나가 모두 방대한 자료 수집과 무수한 실험을 거친, 무한한 시간과 노력, 인내가 아니면 나올 수 없는 내용이다. 건강한 사람도 이루기 어려운, 그의 병과 몸 상태를 생각하면 경이로운 업적이라 하지 않을 수 없다.

"누구도 그보다
더할 순 없을 것"

다윈의 병은 악화와 완화를 되풀이했다. 가장 심한 악화기는 총 3번 있었으며, 한번 시작되면 몇 년간 지속되었다. 첫 번째 악화기는 30살 무렵(1839~1842년), 두 번째는 39살 무렵(1848~1849년), 세 번째는 『종의 기원』 출간 뒤인 54~56세(1863~1865년) 때였다.[44]

세 번째 악화기에서 벗어났을 때 다윈의 모습은 완전히 변해 있었다. 오늘날 우리가 알고 있는, 하얀 턱수염을 길게 늘어뜨린 사색에 잠긴 현자 같기도 하고 구도자 같기도 한 노인의 모습이 그것이다. 병과 싸우던 다윈은 수염이 자라는 대로 내버려 두었던 것이다. 깊고 고요한 눈빛, 덥수룩한 수염 밑으로 오랜 병의 흔적이 엿보이는 얼굴. 아이들은 아버지더러 모세 같다고 했다.

그런데 생의 마지막 10년간 다윈의 병세는 눈에 띄게 호전되었다. 이유는 알 수 없지만 증상이 상당히 약화되었다. 물론 완전히 사라진 것은 아니고 또 늘 지쳐 있긴 하나 그래도 전에 비하면 현저히 좋아진 게 분명했다.[45]

무엇이 좋아지게 했을까? 알 수 없다. 그러나 『종의 기원』 이후 계속된 일련의 진화 관련 저작이 마무리된 것과 무관하지 않을 것이다. 그 저작들을 읽어 보면 다윈은 할 수 있는 만큼, 아니 훨씬 이상을 했다는 것을 느낄 수 있다. 다윈 스스로도 말한다. "나는 내가 할 수 있는 최대치를 했다. 누구도 그보다 더 할 순 없을 것"이라고.[46]

'적자생존'은 가장 적합한 자가 살아남는다는 뜻

『종의 기원』에는 인간에 대해서는 딱 한 문장밖에 없다. 마지막 챕터인 '요약과 결론'의 한 문장, "인류의 기원과 역사에 대한 연구에 빛이 비칠 것이다"[47]가 그것.

다윈이 인간에 대해 얘기한 건 『종의 기원』 출간 12년 뒤인 1871년에 나온 『인간의 유래와 성 선택』에서였다.

『인간의 유래와 성 선택』은 인간의 기원에 대해 논한 책으로 다윈의 모든 것이 담겨 있다고 해도 좋을 만큼 평생의 공부와 삶의 경험이 녹아 있는 작품이다. 그는 인간이 구세계 원숭이로부터 갈라져 나왔으며, 최초 발생 지역은 아프리카일 거라고 했다. 당시는 아프리카에서 인류 화석이 한 개도 발견되지 않았던 시절이다. 아니, 아프리카일 거라는 생각조차 안 했던 시절이다. 다윈의 예측은 적중했다.

사실, 진화론을 말한 것은 다윈이 처음이 아니다. 다윈 이전에도 이미 유사한 주장들이 있었다. 다윈 방식의 진화는 아니지만 프랑스의 라마르크를 비롯하여 진화를 주장하는 사람들이 꾸준히 있어 왔다. 그러니까 진화론은 세상에 전혀 없던 것을 다윈이 새로 만들어 낸 것이 아니라 비록 소수이긴 하나 관심 있는 사람들 사이에서 거론되던 의제였던 것이다.

다윈은 방대한 자료 수집과 면밀한 관찰, 실험을 통해 진화의 증거들을 실증하고, 진화의 매커니즘으로서 자연 선택을 창안해 냈으며, 하등동물로부터 인간에 이르는 모든 생명체의 역사를 하나의 나무로 표현한 계통수를 그려 냄으로써 진화를 체계적으로 설명했다. 그리고 그것을 일련의 저작을 통해 세상에 내놓음으로써 공론의 장이 펼쳐지게 했다.

진화(evolution)라는 용어는 『종의 기원』에서 처음부터 사용한 것이 아니다. 초판 출간으로부터 무려 13년 뒤인 1872년의 마지막 판인 제6판에서 처음 사용했다.[48] 진화론 하면 으레 떠올리는 적자생존(survival of the fittest)이라는 용어도 다윈이 만든 것이 아니라 1864년 스펜서가 다윈의 이론에 입각하여 고안해 낸 것이다.[49]

흔히들 적자생존을 약육강식과 동의어로 생각하지만 적자생존은 강자, 센 자가 살아남는다는 뜻이 아니다. 가장 적합한 자, 알맞은 자가 살아남는다는 뜻이다.

다윈의 마지막 연구는 지렁이였다. 아무도 눈여겨보지 않고 관심 두지 않지만 지렁이가 하고 있는 중요하고도 위대한 역할, 지구의 토양을 바꾸는 일에 주목한 다윈은 무려 40년 동안 꾸준히 지렁이를 관찰하고 연구했다. 하찮다고 여겨지는 것의 위대함을 다윈은 잘 알고 있었다.[50]

다윈은 완성된 원고를 들고 직접 출판사 사장을 찾아갔다. 그리고 조심스럽게 입을 열었다.

"사람들이 이런 주제에 관심 있어 할지 모르겠습니다만 그래도 저를 봐서 출판해 주시지 않겠습니까?"

"주제가 뭔가요?"

"지렁이요."[51]

결과는 대박이었다. 『지렁이의 활동에 의한 식물 부식토 형성(The Formation of Vegetable Mould through the Action of Worms)』(1881)은 베스트셀러가 되었다. 출간 이틀 만에 출판사 사장 머리는 감탄사를 질렀다.

"지렁이가 무려 3천 5백 마리!"[52]

그로부터 6개월 뒤, 다윈은 세상을 떠났다. 생의 마지막까지 그는 연구를 놓지 않았다.

그의 병은 대체
무엇이었는가

1882년 4월 19일 오후, 다윈은 향년 73세로 눈을 감았다. 심장 통증과 구토를 비롯해 그를 평생 괴롭힌 주요 증상들이 한꺼번에 엄습했다. 의사는 협심증이라면서 그의 심장이 몹시 쇠약해졌다고 했다.[53]

일주일 뒤, 웨스트민스터에서 장례식이 열렸다. 영국을 대표하는 각계각층 인사들이 대거 참석한 성대한 장례식이었다. 다윈은 물리학자 아이작 뉴턴, 천문학자 존 허셜 경 등과 함께 웨스트민스터에 안치되었다.

다윈은 세상을 떠났으나 그의 병에 대한 논의는 그때부터 시작이었다. 그의 병이 대체 무엇이었는가를 놓고 내로라하는 전문가들이 수많은 주장과 진단을 내놓았다. 다윈이 세상을 떠난 지 150년이 지난 오늘날까지도 논의는 계속되고 있다.

그 150년 동안 제시된 병명은 무려 30가지가 넘는다.[54] 비글호 항해 때 남아메리카를 여행하면서, 혹은 연구 때문에 동물을 다루다가 얻은 감염병이라는 견해, 광장공포증을 동반한 공황장애라는 견해,[55] 감염병과 정신적 스트레스의 복합으로 보는 견해.[56] 그 밖에 비소 중독, 메니에르 병, 면역체계 이상, 루푸스, 크론 병, 최근에는 우유를 소화시키지 못하는 유당

불내증이라는 견해도 등장했다.[57] 다윈이 공황장애라는 진단은 오늘날 심리학 개론서에 실려 있다.[58]

이 모든 논의들은 과학과 의학의 발달에 따라 질병과 인간에 대한 이해가 진전되면서 예전엔 몰랐던 병을 밝혀내기도 하고, 기존 증상을 새로운 시각으로 바라보는 과정에서 다윈의 병이 계속 재조명된 데 따른 것이다. 다윈의 병에 대한 논의의 변천사는 질병 관련 분야의 발달사라고도 할 수 있을 것 같다.

그런데 이런 논의들을 가능케 한 것은 다름 아닌 다윈 자신이 남긴 방대한 자료들이었다. 그는 평생 수만 통의 편지를 썼고, 건강 일기를 비롯하여 갖가지 기록을 남겼다. 다윈이 직접 쓴, 그의 생생한 육성이 담긴 이 자료들이 없었다면 다윈의 병은 스쳐 지나가는 몇 줄의 역사로만 기억되었을 것이다.

다윈의 병에 대한 연구는 현재진행형이다. 앞으로도 인간과 질병에 대한 연구는 계속 전진할 것이고 다윈의 병에 대한 새로운 조명도 계속될 것이다. 결론이 날까? 알 수 없다. 어쩌면 영원히 결론나지 않을지도 모른다. 하지만 분명한 것은 다윈은 자신의 병명을 끝내 정확히 알지 못한 채 세상을 떠났다는 사실이다.

'열정'과 '적'의
팽팽한 공생

다윈은 부유했다. 대지주는 아니었지만 생계를 위해 일할 필요는 전혀 없었다. 집과 땅을 가진 시골 지주로서 취미나 여가를 즐기며 얼마든지 살 수 있었다. 다윈처럼 건강이 좋지 않다면 더더욱 그런 삶을 필요로 했을 것이다. 그런데 다윈은 왜 그토록 연구에 매진했는가.

그는 진리를 탐구하는 것은 자신에게 일종의 '본능'이라고 했다.[59] 탐구에 대한 내면의 본능과 '과학에 대한 사랑'[60]이 그로 하여금 연구에 몰두하게 했다. 다윈은 일할 때 가장 행복해했다. 일은 병을 잊게 해 주었다.

"과학연구, 그 일은 매일매일 겪는 아픔을 잠시 잊게 하거나 혹은 몰아내 주었다."[61]

다윈은 자신의 일을 '나의 열정'이라 부르고 자신의 병은 '나의 오랜 적'이라고 불렀다.[62] 그리고 보면 그의 생애는 '열정'과 '적'의 팽팽한 공생이라고도 할 수 있을 것 같다.

다윈의 생은 '일할 수 없는 최악의 상태로 떨어짐, 그리고 일할 수 있는 상태로 상승'[63], 그 둘의 무한 반복이라고 해도 과언이 아니었다. 누구나 오래 병을 앓으면 삶이 현저히 위축되기 마련이다. 신경은 날이 서고 마음은 온통 부정적인 생각으로 물들게 된다. 너그러움이나 웃음은 사라지고 불안과 날카로움으로 자신은 물론 주변 사람들을 긴장시킨다. 그런 사람에게 행복이란 자신과 상관없는 무망한 것으로 여겨지게 마련이다. 다윈이라고 다르지 않았을 것이다. 그 또한 순간순간 절망을 느꼈다.

"나는 천천히 아래로 떨어지고 있어. 과연 다시 올라갈 수 있을까."[64]

다윈은 다시 일어났다. 언제나.

다윈의 삶을 얘기할 때 빼놓을 수 없는 것이 아내 엠마이다. 엠마는 충실한 조력자요 헌신적인 동반자였다. 그녀는 언제나 다윈 곁을 지키고 손잡아 주었다. 만약 다윈이 홀로 병과 마주해야 했다면, 오늘날 우리가 아는 다윈은 없었을지 모른다. 어느 누구도 그 같은 오랜 병을 혼자 감당하긴 어렵다. 이 점, 다윈도 잘 알고 있었다. 엠마가 없었다면 자기 인생은 몹시 비참했을 거라고 다윈은 자서전에서 말한다.[65] 엠마와 아이들. 다윈에게 가족은 그를 지탱해 주는 힘이었다.[66]

진화는 결국 행복

다윈에 따르면, 세상에는 고통과 불행이 참으로 많아서 사람들은 세상이 선한지 악한지, 행복이 과연 있는 것인지 의심하기도 하지만 우세한 것은 단연 행복이다. 만약 그렇지 않다면 개체는 번식하지 않을 거라고 다윈은 힘주어 말한다.

"내 판단으로는 행복이 단연코 우세하다. 다만 입증하기 어려울 뿐이다. ……만약 모든 종의 개체가 늘 극심한 고통을 겪는다면 번식하기를 등한시할 것이다. ……일반적으로, 모든 지각 있는 존재는 행복을 즐기도록 만들어졌다."[67]

그리고 다윈에 따르면, 진화는 개체의 유익을 위해 작동하는 것이므로 궁극적으로 해피엔딩이다. 다윈에게 진화는 결국 행복인 것이다.

"자연선택은 오로지 개체의 유익에 의해, 또 개체의 유익을 위해 작동하므로 개체에게 해가 되는 것은 결코 만들어 내지 않을 것이다. …… 어떤 기관도 그 소유자에게 해를 끼치거나 고통을 일으킬 목적으로 만들어지지는 않는다. 각 부분이 일으키는 선과 악을 공정하고 균형 있게 평가하면 전체적으로는 이익이 된다는 것을 알 수 있을 것이다."[68]

다윈이 보는 인류의 미래는 지극히 희망차다. 인간이 처음부터 생물계의 정상에 있었던 것이 아니라 낮은 곳에서부터 지금의 자리에 올랐다는 사실은 미래에 더 높은 곳에 이를 수 있다는 희망을 주는 거라고 그는 말한다.[69]

다윈은 병 때문에 많은 것을 잃었지만 스스로의 삶을 행복하다고 생각했다. 그리고 감사해했다. 병까지도.

"병은 사교와 오락으로 집중이 흐트러지는 것을 막아 주었다. 비록 병 때문에 내 인생에서 몇 년이 사라지긴 했지만."[70]

세상엔 고통과 불행이 매우 많지만 그래도 행복이 우세하다는 것을 다윈은 스스로의 삶으로 보여 주고 있다. 다윈의 위대한 점이 여기에 있지 않을까. 다윈이 이룬 것보다 다윈의 삶이 더 위대하다.

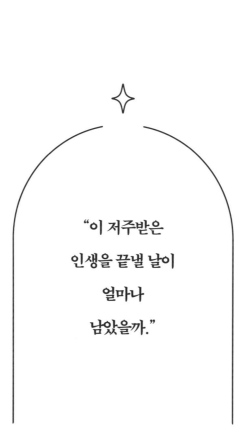

“이 저주받은
인생을 끝낼 날이
얼마나
남았을까.”

평생 동안 이어진
　콤플렉스와의
분투

한
스
　크
리
스
티
안
　안
데
르
센

사람이 되고 싶어 마녀에게 목소리를 주고 두 다리를 얻은 『인어공주』, 추운 겨울날 팔다 남은 성냥에 불을 붙여 몸을 녹이다 숨을 거둔 『성냥팔이 소녀』, 차가운 얼음 조각이 눈에 박혀 북쪽 나라로 가 버린 카이를 찾아나서는 게르다의 모험을 그린 『눈의 여왕』……, 어린 시절 한 번은 읽거나 들어보았을 동화들의 저자 한스 크리스티안 안데르센. 『인어공주』는 디즈니 애니메이션으로 만들어져 아이들의 눈과 귀를 사로잡고 있고, 그의 동화들은 어린 시절의 기억과 함께 사람들 마음속에 간직되어 있다.

안데르센은 160여 편의 동화를 썼다. 그의 작품은 정도 차이는 있을지언정 모두 자신의 이야기라고 할 수 있을 만큼 자전적 요소가 많은데, 특히 『미운 오리새끼』는 동화로 쓴 자서전이라고 해도 좋을 것이다. 못생겼다고 구박받고 따돌림 당하던 새끼오리가 자신이 실은 아름답고 우아한 백조였음을 알게 되는 이 이야기는 다름 아닌 안데르센이 꿈꾸고 소망한 자신의 이야기다.

그는 가난하고 낮은 신분에 제대로 교육받지 못한 시골 출신으로 14살의 나이에 혈혈단신 대도시에 와서 돈도 아무 연고도 없이 좌충우돌, 사회적 상승의 사다리를 올라 마침내 정상에 선 사람이다. 그리고 몹시 못생긴 외모를 갖고 있었다.

백조 대열에 합류하는 데는 성공했지만, 동화에서처럼 그자신 백조는 아니었던 안데르센은 평생 이방인 느낌과 콤플렉스로 괴로워했다. 끊임없이 타인의 인정을 확인해야 안심할 수 있고 행복감을 느낄 수 있었다. 안데르센, 그의 삶은 오리와 백조 사이에서의 처절한 분투였다.

배우를 꿈꾸는
소년

1819년 9월 5일 아침, 14살의 안데르센은 덴마크의 수도 코펜하겐 근처 프레데릭스베르그 언덕에서 마차를 내렸다. 코펜하겐까지는 아직 10마일, 그러니까 약 16킬로미터가 더 남아 있었지만 안데르센이 낸 돈으로는 여기까지밖에 타고 갈 수 없었다. 차비가 모자랐던 것이다.

가야 할 길은 멀었지만 풍경은 아름다웠다. 언덕에서 내려다보이는 장관에 14살 소년은 탄성을 질렀다. 마차는 떠나고 홀로 남은 안데르센, 걷기 시작했다. 16킬로미터는 오늘날 잘 포장된 도로를 승용차로 달려도 30분이 걸리는 거리다. 나무들이 늘어선 큰길을 따라 안데르센은 타박타박 걸었다. 교회, 집, 시장을 지나 이윽고 성문에 이르렀다.

1819년의 코펜하겐은 성벽으로 둘러싸여 있었다. 안으로 들어가려면 4개의 성문 중 하나로 들어가야 했다. 안데르센이 도착한 곳은 서쪽 문인 베스터르포트(Vesterport). 소를 끌고 온 농부, 짐수레 끄는 장사꾼, 말 탄 사람, 걷는 사람이 줄지어 있는 틈에 끼어 안데르센은 성안으로 들어갔다. 드디어 코펜하겐이었다.

안데르센은 마차에서 누군가 알려준 싸구려 숙소를 찾아 가장 싼 방을 잡았다. 짐을 풀자마자 시내로 나갔다. 발트해 무역의 중심지 코펜하겐은 '상인의 항구'라는 이름에 걸맞게 활기와 북적거림, 에너지로 꿈틀거리는 곳이었다. 바다로 이어지는 운하가 도시 곳곳을 누비고 운하 주변에는 창고, 건물들이 줄지어 서 있었다. 북적이는 길을 쉴 새 없이 마차가 달렸다.

안데르센이 제일 먼저 간 곳은 극장이었다. 그의 꿈의 궁전인 코펜하겐 왕립극장. 이 극장은 연극, 오페라, 발레 등 당대 덴마크 예술과 문화의 본산으로서 신고전주의 양식의 우아하고 아름다운 건물이었다. 안데르센은 극장 앞에 서서 한참을 올려다보았다. 자신이 있을 곳이 바로 여기라고 생각하면서.

안데르센은 배우가 될 작정이었다. 7살 때부터 배우 말고 다른 것은 생각해 본 적이 없었다. 아는 사람 하나 없는 코펜하겐에 혼자 온 것도 오로지 배우가 되겠다는 일념 때문이었다.

날이 저물고 있었다. 전깃불은커녕 가스등도 아직 없던 당시 코펜하겐의 밤을 밝혀 주는 것은 희미한 기름 램프와 달빛뿐이었다. 안데르센은 꿈에 부푼 채 숙소로 향했다. 코펜하겐에서의 첫날이 그렇게 저물었다.

"우린 제대로 배운 사람만
쓴다네"

다음 날, 안데르센은 정성껏 차려입었다. 가진 옷 중에 가장 좋은 것을 꺼냈다. 견진성사 받을 때 입었던 옷과 구두, 비록 눈을 반쯤 가릴 만큼 크긴 했지만 모자도 갖추었다. 안데르센은 왕립극단의 유명 발레리나 안나 마르그레테 샬을 찾아가는 길이었다. 초인종을 누르자 나타난 하녀는 안데르센을 아래위로 훑어보더니 동전을 한 닢 주었다. 거지인 줄 알았던 것이다.

안데르센은 충격을 받았다. 그렇지만 포기하지 않았다. 돌아서는 하녀를 붙들고 제발 발레리나 샬을 만나게 해 달라고 통사정을 했다. 하녀가 그를 불쌍히 여긴 걸까, 안데르센은 발레리나 앞에 설 수 있었다.

안데르센은 고향 오덴세에서 여기까지 오게 된 '지금까지의 내력'[1]을 폭포수처럼 쏟아 냈다. 잠자코 듣던 샬은 안데르센에게 할 줄 아는 것을 해 보라고 했다. 안데르센은 〈신데렐라〉의 한 장면을 연기했다. 구두를 벗어 놓고, 모자를 탬버린 삼아 두들기며 노래하고 춤을 추었다. 물끄러미 안데르센을 바라보던 샬은 즉각 그를 쫓아냈다. 정신 나간 사람이라면서.

쫓겨난 안데르센은 왕립극장 매니저를 찾아갔다. 오덴세에서 예까지 온 '지금까지의 내력'을 얘기하며 제발 부탁이니 배우로 취직시켜 달라고 애원했다.

매니저는 안데르센을 훑어보고 말했다.

"너무 말라깽이라 안 되겠는데."

안데르센은 대답했다.

"월급으로 100릭스달러를 주신다면 금세 살쪄 오겠습니다!"

그러자 매니저는 정색을 하고 이렇게 말했다.

"우린 제대로 배운 사람만 쓴다네."[2]

외모, 실력, 학력, 어느 것 하나 제대로 갖추지 못한 그가 설 자리는 어디에도 없는 것 같았다. 터덜터덜 걷던 안데르센, 저도 모르게 발길을 멈추고 보니 도로 극장 앞이었다. 그는 호주머니를 털어 마침 공연 중이던 오페라 〈폴과 비르지니〉 티켓을 샀다. 주인공이 사랑하는 연인과 헤어지는 장면에서 안데르센은 그만 울음을 터뜨리고 말았다. 사랑하는 극장과 헤어져야 하는 자신의 처지가 꼭 주인공 같았기 때문이다.

옆자리에 앉은 부인이 엉엉 우는 14살짜리 소년이 딱했던지 그저 연기일 뿐이니 울지 말라면서 소시지 샌드위치를 주었다. 다른 부인도 버터 바른 빵과 과일, 케이크를 주었다.

모든 것이
우스꽝스러워

숙박비를 내고 나니 남은 것은 단돈 1릭스달러. 이제 안데르센이 할 수 있는 것은 깨끗이 포기하고 집으로 가는 차표를 사는 것이었다. 아니, 차표 살 돈도 부족했다. 하지만 안데르센은 돌아가고 싶지 않았다. 이대로 돌아가면 웃음거리가 될 게 뻔했다. 어떻게 해서든 반드시 배우가 되고 말겠다고 마음을 다잡았다.

안데르센은 왕립합창학교 교장 주세페 시보니를 찾아갔다. 안면이 있어서가 아니었다. 그냥 무턱대고 찾아간 것이다. 그런데 뜻밖에도 성공이었다. '지금까지의 내력'이 이번엔 작동했으며, 안데르센의 목소리가 점수를 얻었다. 시보니는 안데르센에게 노래를 가르쳐 주기로 했고, 안데르센을 동정한 몇몇 사람들이 후원금을 모아 주었다.

안데르센은 후원금으로 셋방을 얻었다. 가난한 사람들이 모여 사는 울케가데(Ulkegade)의 창문도 없는 작은 단칸방이었지만, 이제 그곳이 안데르센의 집이었다. 낯선 대도시 코펜하겐에서 해 저물면 돌아갈 수 있는 곳.

안데르센은 고향의 어머니에게 편지를 썼다. 모든 게 잘되었다고. 글을 모르는 어머니는 다른 사람에게 읽어 달라고 부탁했으며 아들을 자랑스러워 했다.

우여곡절 끝에 안데르센은 왕립극장의 견습배우가 되었다. 극장 발레학교와 성악학교에서 발레와 노래를 배우는 한편, 난장이 트롤 역, 목동 역 등 단역도 몇 번 했다. 처음 단역을 맡아 무대에 오르던 날, 안데르센은 자기 이름이 적힌 공연 전단지를 가슴에 안고 잠자리에 들었다. 그리고 희곡도 써 보았다. 제목은 「비센베르그의 도둑들」.

하지만 얼마 못 가 극장에서 쫓겨나고 말았다. 해고를 알리는 편지에는 이렇게 씌어 있었다.

"제대로 교육받지 못하면 재능도 아무 소용없습니다."[3]

희곡 역시 퇴짜를 맞았다. 이유는 이러했다.

"이렇게 기본 지식이 부족한 작품은 사람들이 원치 않습니다."[4]

그의 배우로서의 자질은 부족했으며 외모는 환영받기 어려웠고, 글은 정확하게 쓴 단어를 찾기 어려울 정도로 철자법이 엉망인데다 문장의 앞뒤가 맞지 않았다. 뿐만 아니라 그는 나이에 걸맞은 사회적 성장과 성숙이 결여되어 있었다.

사람들은 학교에 가서 정식 교육을 받으라고 입을 모아 충고했다. 하지만 아무도 그를 공부하게 해 주지는 않았다. 안데르센은 가난했다. 학교는커녕 방세를 내고 나면 완전히 빈털터리였다. 끼니는 공원 벤치에 앉아 빵 한 개로 때우기 일쑤였으며, 집주인의 심부름을 해 주고 푼돈을 벌어 필요한 것을 샀고, 그를 동정한 몇몇 사람들이 모아 준 후원금으로 간신히 생활했다. 그중에는 노래를 배우러 드나든 시보니 저택 하녀들이 급여에서 조금씩 갹출하여 모아 준 후원금도 있었다.

옷은 늘 그대로였다. 성장기에 있는 그의 키는 쑥쑥 자랐지만 새 옷 살 돈이 없었다. 짧아지기만 하는 소매와 바지는 한껏 잡아당겨 늘여 입었으며, 낡은 구두 틈새로 스며든 물 때문에 발가락이 젖곤 했다. 앙상하게 마른 몸에 정강이 절반밖에 오지 않는 바지. 누가 봐도 이상하고 우스꽝스러웠다.

한번은 어느 부인으로부터 코트를 한 벌 얻었다. 그런데 너무 컸다. 특히 가슴 부분이 헐렁해서 도무지 볼품이 없었다. 안데르센은 공연 전단지를 한 움큼 구겨서 헐렁한 가슴 부분에 채워 넣었다. 그리고 단추를 목 밑까지 완전히 잠갔다. 그런 다음 부인을 만났는데, 그날따라 날씨가 퍽 더웠다. 부인은 더우니 단추를 풀어도 된다고 했다. 하지만 안데르센은 그럴 수 없었다. 채워 넣은 전단지들이 떨어질까 봐.

'인정받기'에 대한
필사적인 갈망

사람들은 조롱 섞인 시선으로 그를 바라보았다. 시 낭송을 해 보라고 한 다음 웃음거리로 삼곤 했다. 사투리 섞인 말씨에 구부정하고 비쩍 마른 몸, 유난히 긴 팔과 눈에 띄게 큰 발, 커다란 코에 대조적으로 매우 작은 눈, 과장된 몸짓…… 그가 낭송을 시작하면 사람들은 어릿광대 보듯 그를 보며 웃었다.

이 시절의 안데르센을 본 사람이 자기 언니에게 쓴 편지에는 당시 안데르센의 모습과 그를 대하는 사람들의 시선이 적나라하게 드러나 있다.

"내일 그가 낭송을 하러 또 올 텐데, 내가 웃음을 참을 수 있을지 정말 모르겠어. 못 참을 것 같아. 왜냐하면 그의 행동은 진짜 우습거든."[5]

한마디로 우스꽝스러웠다. 그의 모든 것이. 하지만 안데르센에겐 다른 것은 아무것도 중요하지 않았으며 눈에 들어오지 않았다. 그의 머릿속에는 한 가지 생각뿐이었다. 어떻게 하면 무대에 설 수 있을까.

무대에 서려면 인정받아야 했다. 그의 재능을 알아봐 주고 그를 무대에 세워 줄 수 있는 유력한 인사들에게 인정받는 것. 그것만이 코펜하겐이라는 낯선 대도시에서 그가 살아남을 수 있는 길이었다.

인정받기. 이것이야말로 안데르센의 일생을 지배한 가장 큰 화두였다. 인정받아야 한다는, 인정받고 싶다는 필사적이고도 강렬한 열망이 그를 사로잡았다. 모두에게 인정받고 모두에게 칭찬받아야 한다는 생각이 그를 지배했다. 훗날 성공한 작가가 되어 유명 인사가 된 뒤에도 안데르센은 그로부터 자유로워지지 못했다. 성공의 정상에 섰을 때조차 그는 자기 작품에 대한 아주 가벼운 비난도 못 견뎌 했으며 환호하는 사람들을 보면서는 속으로 의구심을 품었다.

'진심일까?'

그는 일기에 이렇게 썼다.

"모든 사람에게 칭찬받아야만 비로소 만족을 느낀다. 아무리 중요치 않은 사람이라도 그가 나를 칭찬하지 않는다고 생각되면 비참해져 버린다."[6]

아홉 번의 찬사와 한 번의 야유를 받았을 때, 찬사 아홉 번은 제쳐 놓고 한 번의 야유만 떠올리며 몸부림치는 안데르센. 나이를 먹고 유명해진 뒤에도 이런 심리상태는 그를 붙잡고 놓아주지 않았다.

가난한 구두장이와
세탁부의 아들

안데르센은 1805년 4월 2일 새벽 1시, 덴마크 오덴세의 한 마을에서 구두장이 한스 안데르센과 안네 마리 사이에서 태어났다. 한스는 22살, 안네 마리는 남편보다 7살 혹은 8살 위였다. 오늘날 오덴세는 수도 코펜하겐에 이어 덴마크 제2의 도시로 꼽히는 번화한 곳이지만, 당시는 안데르센의 표현을 빌리면 100년은 시대에 뒤처진 곳이었다.[7]

구두보다 라틴어를 배우고 싶었던 아버지 한스는 책을 좋아했고, 어머니 안네 마리는 글을 몰라 자기 이름도 못 썼지만 부지런히 일하는 건실한 사람이었다. 그녀는 침대 시트를 항상 하얗게 유지했으며 추수철이 되면 떨어진 이삭을 주우러

다니고, 남의 집 아이를 돈을 받고 맡아 키우기도 했다. 안데르센의 일기에는 그렇게 키운 아이가 훗날, 오덴세를 방문한 62세의 안데르센과 만나는 이야기가 나온다.[8]

지독한 가난 때문에 구걸을 다니다가 다리 밑에 앉아 종일 울었던 어머니 안네 마리의 어린 시절은 안데르센의 동화『성냥팔이 소녀』에 그대로 투영되어 있다.[9]

아버지 한스가 문학, 과학 등 지식을 동경하는 사람이었다면 어머니는 전통적 관습과 신앙에 충실한 사람이었다. 그녀는 신을 굳게 믿었지만 점도 믿었다. 그리고 두 사람 모두 하나뿐인 자식 안데르센을 사랑했다. 안데르센의 어린 시절은 가난하긴 했으나 부모의 사랑만큼은 부족함이 없었던 것 같다. 아버지는 안데르센에게 라퐁텐 우화,『아라비안나이트』, 홀베르(Holberg)의 희곡을 읽어 주었으며 함께 숲속을 걸었다.

안데르센에게는 아버지가 다른 누이가 하나 있었다. 이름은 카렌. 어머니 안네 마리가 구두장이 한스와 결혼하기 전, 다른 사람과의 사이에서 낳은 딸이다. 카렌은 다른 곳에서 외할머니 그러니까 안네 마리의 어머니와 살았으므로 안데르센과는 만난 적이 거의 없었다.

하지만 안데르센은 어느 날 갑자기 그녀가 나타나 자신의 인생에 끼어들까 봐 항상 불안해했다. 숨이 끊어질 때까지 춤추라는 벌을 받은『빨간 구두』의 여주인공 이름 카렌은 다름 아닌 그녀의 것이다.

안데르센의 할머니는 정신병원에 딸린 정원 돌보는 일을 했다. 그는 할머니를 따라다니며 할머니가 일하는 동안 몰래 병동에 들어가 보기도 하고, 요양원 할머니들이 모이는 방에 들어가 그들이 들려주는 옛날이야기에 흠뻑 빠지기도 했다. 요정, 마녀, 공주, 트롤이 등장하는 덴마크 옛날이야기는 어린 안데르센에게 무궁무진한 상상의 세계였다.

농부였던 할아버지는 정신병에 걸려 꽃으로 화관을 만들어 쓰고 노래를 흥얼거리면서 동네를 돌아다녔다. 그런 할아버지를 아이들이 쫓아다니며 놀릴 때면 안데르센은 몸을 숨겼다. 무섭기도 하고 창피해서. 안데르센의 아버지는 이 노부부의 외아들이었다.

안데르센은 혼자 놀았다. 또래 아이들이 하는 놀이에는 도무지 재미를 느끼지 못했다. 안데르센이 좋아한 것은 책, 그리고 인형놀이였다. 색색의 천 조각을 오리고 이어 붙여 인형 옷 만드는 것을 그는 매우 좋아했다. 그러면서 인형극 놀이를 했다. 배우도 관객도 다 자기 혼자였다.

안데르센이 받은 교육은 대여섯 살 무렵에 잠깐 다닌 유아학교, 가난한 사람들을 위한 빈민학교에서 배운 읽고 쓰기와 수학, 그리고 교회에서 견진성사 받을 때 한 교리문답 공부, 이것이 전부였다. 그는 수학을 가장 못했으며, 그렇다고 읽기와 쓰기에 뛰어난 것도 아니어서 단어 철자조차 제대로 못 썼다. 안데르센은 나중에 작가가 되어서도 철자, 맞춤법, 구두점 등 기본적인 것을 자주 틀렸고, 그 때문에 평론가들의 혹평을 받곤 했다.

안데르센이 11번째 생일을 맞은 1816년, 아버지 한스가 33살의 나이로 세상을 떠났다. 군대에 나갔다가 병을 얻은 탓이었다. 나폴레옹을 숭배한 아버지는 덴마크가 나폴레옹이 이끄는 프랑스와 동맹을 맺고 영국과 전쟁을 벌이자 군대에 자원했다. 코르시카 섬의 별 볼일 없는 하급 군인 출신으로 황제 자리에까지 오른 나폴레옹은 아버지의 영웅이었다. 돈 때문이기도 했다. 아버지는 돈을 받고 부유한 농부의 아들 대신 입대한 것이었다.

1812년 봄 아버지가 입대하던 날, 7살이던 안데르센은 홍역을 앓고 있었다. 2년 뒤 아버지는 돌아왔으나, 그후 2년 동안 병상에 누웠다가 세상을 떠났다.

아버지 사망 후 어머니는 생계를 위해 세탁 일을 했다. 부잣집 빨래를 해 주는 것이었다. 어머니의 일터는 마을 근처를 흐르는 강이었다. 여름에는 괜찮았지만 날이 추워지면 몹시 고통스러웠다. 덴마크의 여름은 아름답지만 짧다. 추운 날, 차가운 강물에 온종일 다리를 담근 채 빨래를 해야 했던 어머니는 몸을 녹여 보려고 독한 술을 마시곤 했다. 그러다 그만 알콜

중독에 걸리고 말았다. 안데르센이 47살 때 쓴 동화 「쓸모없는 여자」에는 그런 어머니의 삶이 고스란히 들어 있다. 추위를 이겨 보려고 술을 마시는 세탁부에게 쓸모없는 여자라며 손가락질을 하는 사람들. 동화 속 그녀의 어린 아들은 천진한 얼굴로 묻는다.

"그런데 정말 우리 엄마가 쓸모없는 여자예요?"[10]

무대에 서는 것이
유일한 소원

안데르센은 오덴세에 있는 공장에 취직했다. 1811년 들어선 의류공장이었다. 가난한 집 십 대 소년들이 공장에서 일하는 건 당시로선 특별한 일이 전혀 아니었다. 같은 동네 아이도 다니고 있었다.

안데르센은 노래를 잘했다. 아직 변성기에 이르지 않은 그의 목소리는 소프라노처럼 고음의 미성이었다. 공장에서 안데르센은 사람들 앞에서 노래를 부르곤 했다. 그런데 어느 날, 누군가 안데르센더러 혹시 여자 아니냐고 하자 짓궂은 사람들이 확인해 보자며 달려들어 옷을 벗기려고 했다. 안데르센은 놀라 비명을 지르며 집으로 달려갔다. 자초지종을 들은 어머니는 단호히 선언했다.

"다시는 가지 마라."[1]

다음에 간 곳은 담배 공장이었다. 여기서는 그런대로 괜찮게 지냈지만, 담배가 아이 건강에 나쁘다는 얘기를 들은 어머니는 안데르센을 그만두게 했다.

어머니는 안데르센의 인형 옷 만드는 솜씨를 보고는 재단사가 되라고 했다. 당시 재단사는 비교적 수입이 괜찮은 직업이었다. 안데르센의 가위질 솜씨는 어려서부터 좋았던 것 같다. 훗날, 그는 종이 오리기 작품을 만들어서 사람에게 나눠 주곤 한다.

그러나 안데르센의 마음은 재단사도, 공장도, 학교도 아닌 전혀 다른 곳에 가 있었다. 극장이었다. 극장 무대에 서는 것이 그의 소원이었으며, 그의 머릿속을 가득 채우고 있는 것은 오직 하나, 배우였다.

안데르센이 배우가 되겠다는 꿈을 품은 것은 7살 때 부모와 함께 난생처음 극장에 갔을 때였다. 안데르센이 태어나기 10년 전인 1795년 오덴세에 건립된 이 극장은 여름이면 코펜하겐의 왕립극단이 와서 공연을 하는 규모 있는 극장이었다. 당시는 영화가 아직 존재하지 않던 시절이다. 극장에서 공연되는 것은 연극, 오페라, 발레 등이었다. 그날 안데르센 가족이 본 것은 홀베르의 연극과 경가극이었는데, 독일어 공연이었다.

공연은 안데르센의 마음을 송두리째 흔들어 놓았다. 그 순간부터 자신의 영혼은 연극에 대한 불같은 갈망에 휩싸였다고 안데르센은 훗날 말한다.[12] 집으로 돌아온 안데르센은 거울 앞에서 앞치마를 망토 대신 두르고 엉터리 독일어 대사를 읊으며 연극에 나오는 기사 흉내를 냈다.

그날 이후, 극장은 안데르센이 가장 좋아하는 장소가 되었다. 하지만 공연을 자주 볼 형편이 못 되었으므로 극장에서 나눠 주는 홍보 전단지를 보는 것으로 만족해야 했다. 안데르센은 전단지에 쓰여 있는 작품 제목과 등장인물 소개를 수없이 반복해 읽으며 무대를 상상하고 줄거리를 꾸며 보곤 했다.

공장에서도 학교에서도 안데르센의 마음은 극장에 있었다. 무대에 서는 것. 그것만이 안데르센의 유일하고 간절한 소망이었다. 그런데 배우가 되려면 연기는 물론 노래, 발레에 능숙하고 시 낭송도 잘해야 했다. 안데르센은 자기만의 극장에서 혼자 연기와 노래, 춤을 연습했다. 희곡도 써 보았다. 제목은 「아보르와 엘비라」, 첫 작품답게 주인공들은 전부 죽었다.

어머니가 일하는 강에는 빨래판으로 쓰는 커다란 바위가 있었다. 안데르센은 거기 올라가 목청껏 노래를 부르곤 했다. 한번 시작하면 아는 노래를 죄다 불렀다.

안데르센은 굳게 믿었다. 언젠가 행운이 다가와 자신을 성공의 길로 데려갈 거라고. 언제 어떻게 다가올까, 그의 재능을 알아본 왕자님이 문득 나타나 자기를 데려가진 않을까…… 상상을 거듭했다.

멀쑥하니 큰 키에 앙상할 정도로 말랐으며 눈에 띄게 큰 손과 발, 바랜 듯한 머리칼에 꿈꾸는 것처럼 늘 눈을 내리감고 다니는 안데르센을 보고 동네 사람들은 참 특이한 아이라고 했다. 아이들 역시 행동도 생각도 자기들과는 매우 다른 안데르센을 놀리곤 했다. 그럴 때면 안데르센은 혼자 눈물을 흘렸다. 안데르센은 자서전에서 말한다.

"나는 무서웠다. 나를 놀려 대는 가난한 집 아이들이."[13]

안데르센은 문법학교(grammar school)에 다니는 아이들을 부러워했다. 라틴어를 가르치는 문법학교는 부유한 상류층 아이들이 다니는 곳이었다. 그 아이들이 저들끼리 어울려 노는 모습을 안데르센은 울타리 밖에서 물끄러미 바라보곤 했다. 그들이 가진 많은 것과 앞으로 갖게 될 많은 것들이 부러웠다. 그러면서 자기가 있을 자리는 다름 아닌 저 울타리 안이라고 생각했다. 그들의 울타리에 들어가기. 안데르센은 평생 그것을 위해 싸웠다.

"유명해지겠어요"

안데르센은 부지런히 돈을 모았다. 오덴세의 부잣집과 유명 인사들의 저택을 돌아다니며 알고 있는 연극 한 토막을 공연해서 버는 돈이었다. 동정이었을까, 아니면 그의 공연이 나름대로 볼만해서였을까. 몇몇 저택에서 그에게 문을 열어 주었다.

사람들은 안데르센에게 장사를 배우라, 혹은 기술을 배우라고 입을 모아 충고했지만 그는 단호했다.

"배우가 되겠어요."

안데르센은 약 1년간 부잣집 순회공연을 해서 13릭스달러를 모았다. 당시 숙련공의 몇 달 급여에 해당하는 돈이었다. 오늘날로 치면 약 130파운드, 우리 돈으로는 20만 원 정도이다.

안데르센은 코펜하겐에 갈 작정이었다. 덴마크의 수도 코펜하겐은 오덴세와는 비교할 수 없을 만큼 번화한 대도시로 오덴세에서 이틀이 걸리는 곳이었다. 안데르센이 아는 사람은 거기 단 한 명도 없었다. 가서 대체 뭘 할 거냐는 어머니의 질문에 안데르센은 대답했다.

"유명해지겠어요."[14]

코펜하겐에 있는 덴마크 최고의 왕립극장 무대에 서는 것, 사람들의 환호와 박수를 받는 유명 배우가 되는 것. 극장이야말로 그의 인생 목표였다.

안데르센은 눈물과 간청을 섞어 어머니를 졸랐다. 책에서 읽은, 자신이 알고 있는 유명 인사들의 성공 스토리를 죄다 늘어놓으며 설득했다.

"처음엔 다 고생하지만 결국에는 모두 이겨 내고 유명해진다고요."[15]

언젠가 어머니는 안데르센을 데리고 점을 보러 간 적이 있었다. 카드와 커피 찌꺼기로 점을 치는 사람이었는데, 점쟁이는 안데르센의 미래를 이렇게 예언했다.

"당신 아들은 위대한 사람이 될 거요. 온 오덴세가 불을 밝혀 당신 아들에게 경의를 표하는 날이 올 거예요."[16]

점괘 때문이었을까. 어머니는 결국 허락했다. 그리고 훗날, 이 점괘는 사실이 되었다. 50년 뒤, 유명 인사가 된 안데르센이 명예시민으로 위촉되어 오덴세에 왔을 때, 오덴세 사람들은 횃불을 밝혀 들고 그를 환영했다.

1819년 9월의 햇살 눈부신 오후, 안데르센은 코펜하겐을 향해 출발했다. 마차를 타고 뉘보르 항구까지 가서, 배를 타고 바다를 건너 셀란 섬에 도착하여 다시 마차를 타고 코펜하겐까지 가는 여정이었다. 차비는 3릭스달러.

떠나는 안데르센을 배웅 나온 것은 어머니와 할머니 두 사람뿐이었다. 이윽고 마차가 출발했다. 안데르센은 가족과, 어린 시절과, 오덴세와, 그때까지 맺은 모든 관계와 작별했다. 이제 안데르센은 홀로 새로운 세계와 맞닥뜨려야 했다. 그때 안데르센의 나이는 14살. 우리로 치면 중학교 2, 3학년 정도의 나이다. 그가 가진 것은 단돈 13릭스달러와 간절한 소망뿐이었다.

미운 오리새끼의
겨울

코펜하겐에 온 지 3년. 안데르센은 무대에 서기는커녕 극장에서 쫓겨난 신세였다. 그런데 바로 그때, 안데르센은 일생의 전환점을 맞게 된다.

절망에 빠져 있는 그에게 누군가 요나스 콜린을 만나 보라고 귀띔해 주었다. 요나스 콜린은 왕립극단 단장이요, 문화예술가들을 후원하는 왕실 재단 기금 담당 관리였다. 고급관리이자 자선사업가이기도 한 콜린은 부유하고 빈틈없으며 냉철한 사람이었다.

안데르센은 콜린을 찾아가 여느 때처럼 오덴세로부터 코펜하겐에 이르는 자신의 '지금까지의 내력'을 풀어놓은 다음, 자신이 쓴 희곡 「알프솔」을 건넸다. 콜린은 가만히 듣기만 했다. 아무 표정도, 말도 없었다. 안데르센은 실망을 안고 돌아섰다.

얼마 후, 왕립극장에서 안데르센을 불러 「알프솔」을 돌려주었다. 이번에도 역시 퇴짜였다. 그런데 그걸로 끝이 아니었다. 놀라운 소식이 있었다. 안데르센을 문법학교에 보내 준다는 소식이었다. 열심히 공부해서 기본 지식과 교양을 쌓으면 언젠가 좋은 작품을 쓸 수 있을 거라고, 학비와 생활비를 충당할 수 있도록 왕실에 후원금 지급 신청을 해 주겠다고 했다. 모두 콜린이 한 일이었다.

문법학교라니, 왕실 후원금이라니. 안데르센은 너무 놀라서 말이 나오지 않았다. 이런 순간을 얼마나 기다렸던가. 인생의 새로운 장이 열리는 순간.

이후 요나스 콜린은 죽을 때까지 안데르센의 후원자가 되어 주었다. 뿐만 아니라 그의 아들딸들과 안데르센은 가족처럼 지내게 된다. 안데르센은 콜린을 아버지로 여겼다. 어느 아버지도 그보다 더 할 수 없을 거라면서.

1822년 가을, 안데르센은 마차에 올랐다. 슬라겔세에 있는 문법학교로 가는 길이었다. 3년 전, 전 재산 13릭스달러를 들고 오덴세를 떠나 모자라는 차비 때문에 근교에서 내려 코펜하겐까지 걸어야 했던 14살짜리 소년은 이제 17살의 문법학교 학생이 되었다. 돈도 배움도 아무 연고도 없이 오로지 유명해지겠다는 필사적인 소망만 갖고 상경한 시골 소년이 3년 만에 이룬 것으로는 놀라운 변화가 아닐 수 없었다. 포기하지 않고 두드린 끝에 열린 문이었다.

안데르센이 겪은 그 3년은 가난과 조롱, 멸시, 비웃음, 무시, 모멸로 가득 찬 혹독한 시간이었다. 『미운 오리새끼』에는 이런 구절이 있다.

"미운 오리새끼가 그 혹독한 겨울 내내 겪어야 했던 고생과 비참함은 너무 슬픈 얘기라 차마 다 말할 수가 없다."[17]

17살의
문법학교 학생

슬라겔세는 코펜하겐에서 57마일(약 90킬로미터), 마차로 18시간 걸리는 작고 조용한 마을이었다. 코펜하겐에 비하면 마치 시간을 거꾸로 돌려놓은 것처럼 고적하고 고요했다. 볼거리라고는 새로 들여온 영국제 소방차와 목사의 도서관 정도였으며, 극장은 마굿간을 개조해서 만든 사설극장 한 개가 전부였다. 코펜하겐의 왕립극장과는 비교가 되지 않았다. 사람들은 이웃집에 오늘 무슨 일이 있는지, 누구네 아이가 이번에 진급했는지 낙제했는지 서로 다 알았다.

가난하고 힘들긴 해도 활기 넘치는 코펜하겐에서 일편단

심 무대만 바라보고 살던 안데르센에게 슬라겔세의 고적함과 따분하리만큼의 한적함은 아마도 무거운 낯설음으로 다가왔을 것이다.

안데르센은 문법학교 2학년에 들어갔다. 안데르센보다 6살이나 적은 11살 아이들 반이었다. 그는 나이가 가장 많았지만, 아는 것은 가장 적었다. 라틴어, 수학, 지리…… 뭐 하나 제대로 아는 게 없었다. 덴마크 지도에서 수도 코펜하겐이 어디 있는지도 몰랐다.

그런데 새로 부임한 교장 시몬 메이슬링은 고대 로마 시인 베르길리우스의 『아이네이스(Aeneis)』를 번역한 고전학자로서 라틴어와 그리스 로마 고전을 모르는 사람에게는 여지없이 독설과 멸시, 조롱을 퍼붓는 사람이었다. 라틴어를 못하는 안데르센은 대번에 그의 표적이 되었다.

교장의 독설과 노골적인 조롱 앞에서 안데르센은 위축되고 상처받기 일쑤였다. 교장이 교실에 들어서기만 해도 안데르센은 온몸이 마비되는 것 같았다.

뿐만 아니라 교장은 안데르센에게 학교 다니는 동안 시든 희곡이든 일절 쓰지 못하게 했다. 이 점은 콜린도 같은 생각이었다. 안데르센에게 지금 필요한 것은 기초를 닦는 교육이라고 그들은 생각한 것이다.

글쓰기를 금지당한 안데르센은 일기를 쓰기 시작했다. 아마도 안에서 끓어넘치는 창작욕의 출구였을 것이다. 일기에는 마음껏 시를 써도 되지 않나. 그의 일기 쓰기는 슬라겔세 생활 3년째인 1825년 9월 시작되었으며, 생의 마지막 순간까지 계속되었다.

안데르센은 열심히 공부했다. 졸리면 찬물로 세수하고, 잠을 깨려고 한밤중에 달리기도 했다. 그리하여 3학년 진급에는 성공했지만, 4학년 진급시험에서 떨어져 3학년을 한 번 더 다녔다.

시인으로 불리기 바란
안데르센

슬라겔세에 간 지 5년 만인 1827년 4월, 안데르센은 코펜하겐으로 돌아왔다. 메이슬링 교장을 따라 헬싱괴르 문법학교로 옮겨 가서 보낸 마지막 1년은 악몽 같은 시기였으나, 그래도 5년 동안 많이 배우고 많이 읽었다. 돌아온 안데르센은 이제 22살의 청년이 되어 있었다. 그리고 1년 반 뒤인 1828년 가을, 안데르센은 코펜하겐 대학에 합격하여 대학생이 된다. 라틴어 성적은 역시 썩 좋지 않았지만.

대학 입학 후, 안데르센은 본격적으로 작품 쓰기에 열중하기 시작했다. 독일 작가 호프만의 영향을 받은 판타지 『1828, 1829년 홀멘 운하에서 아마게르 섬 동쪽 끝까지의 도보 여행기』(1829), 희곡 「성 니콜라스 탑에서의 사랑」(1829), 시집 『시 (Digte)』(1830)를 잇달아 발표했다. 오늘날 우리는 안데르센을 동화 작가로만 알고 있지만, 그는 처음부터 동화를 쓴 것이 아니며 동화만 쓴 것도 아니다. 그는 시, 희곡, 소설, 여행기 등 다양한 장르에서 수많은 작품을 썼고, 동화로 유명해진 뒤에도 계속 희곡과 소설을 발표했다. 동화는 그의 글쓰기 여정에서 매우 중요한 부분이지만 전부는 아니다. 안데르센은 시인으로 불리기를 바랐다. 시인 안데르센. 그것이 그가 진정 원한 호칭 이었다.

그런데 안데르센의 작품에 쏟아진 것은 신랄한 혹평뿐이었다. '판타지라는 술에 취해서 ⋯⋯옆구리가 마비돼 버린 슬라겔세 조랑말'[18], '철자법 오류의 죄'[19], '희망 없는 작가'[20]⋯⋯. 사실 그의 작품들은 기본적인 문법상 오류를 포함하여 전체적으로 무르익지 않은 어설픔이 상당했다.

사람들은 안데르센이 지식과 교양이 부족하다고 입을 모았으며, 그리스 로마 고전문학에 대한 소양을 기르라고 조언했다.

"당신 시에는 신화가 전혀 없군요. 신이 등장하질 않아요. 신화를 알아야 해요. 라신과 코르네유의 희곡들을 읽어 보세요."[21]

타인의 평에 민감한 안데르센은 몹시 괴로워했다. 넌 부족해, 더 공부해. 틀렸어, 틀렸다고. 이렇게 해야지, 그것도 모르니……. 안데르센은 진저리를 쳤다. 왜 그리 서두르냐는 친구와 지인들의 쓴소리는 더더욱 못 견뎌 했다.

"그래, 난 더 배워야 했다. 하지만 너무 가혹하고 인정머리 없었다. 자기들이 아무 생각 없이 던진 한마디가 얼마나 나를 해치는지 전혀 고려하지 않았다. 적의 채찍질에는 다칠 뿐이지만, 친구의 채찍질은 독을 품은 전갈 같다."[22]

안데르센의 그 즈음 일기는 잠 못 들고 몸부림치는 그의 모습을 적나라하게 보여 준다.

"밤새 열이 났다. 계속 침대에서 뒤척거렸다. 이 저주받은 인생을 끝낼 때가 얼마나 남았나!"[23]

사람들은 안데르센이 허영심으로 가득 차 있다고 혀를 찼다. 허영심. 이것이야말로 안데르센을 평생 따라다닌 꼬리표였다. 안데르센의 표현을 빌리면 '훈장처럼' 그를 따라다녔다.[24] 한마디로 분수를 모른다는 것.

하지만 안데르센은 거세게 반발했다. 자신의 생활에 허영이 대체 어디 있느냐고. 사실, 그의 생활은 허영이 끼어들 여지가 없을 정도로 가난했다. 가난은 그에게 일상이었다. 안데르센은 다락방에 살고 있었다. 하늘도 달도 가까운 지붕 밑 방이었다. 달 뜨는 밤이면 손님처럼 찾아드는 환한 달빛. 안데르센은 아마도 그 달빛과 이야기 나누며 밤을 보냈을 것이다.

이 다락방 풍경은 달님이 찾아와 세상 이야기를 들려주는 「그림 없는 그림책(달님이 본 것)」에 아름답고 환상적으로 그려져 있다. 치즈를 사려다가 포장지 대용으로 쓰인 시집을 발견하고는 치즈 대신 시집을 사서 밤새워 읽는 「고블린과 식료품 장수」의 다락방 대학생은 다름 아닌 그 무렵 안데르센 자신의 모습이다.

안데르센에게는 안정된 수입이 없었다. 후원금을 받고는 있지만 방세와 생활비 내기에도 빠듯했다. 주변의 만류와 세간의 혹평에도 불구하고 계속 작품을 출간한 데는 그런 사정이 한몫했을 것이다. 실제로 안데르센은 '살기 위해' 썼다고 자서전에서 말하고 있다.[25]

그렇다면 그가 품은 강렬하고 간절한 소망이 허영일까. 소망과 허영을 가르는 잣대는 무엇인가. 좀 더 공부한 다음에, 무르익은 다음에 글을 쓰라는 주변의 만류에도 불구하고 그가 글쓰기를 서두른 이유가 단지 유명해지려는 허영심 때문만이었을까.

안데르센은 콜린 가족의 저녁식사에 종종 초대받곤 했다. 콜린뿐 아니라 그를 도와주는 몇몇 유력 인사들의 저녁 식탁에 초대받았다. 이들의 삶은 전형적이고 이상적인 19세기 덴마크 부르주아 가정의 삶이었다. 고등교육을 받고 안정된 직업에 넉넉한 수입, 문화예술의 후원자이며 상냥함과 친절을 미덕으로 갖춘 교양 있고 세련된 삶. 가난, 무지, 외로움, 소외, 불안으로 점철된 안데르센의 삶과는 매우 달랐다. 어찌 동경하지 않을 수 있었으랴. 안데르센은 콜린의 집을 '진정한 집'이라고 부르며 그 일원이 되기를 소망했다.

그러나 훗날, 안데르센 사망 후 콜린의 아들 에드바르는 회고한다. 안데르센은 콜린의 아들로 여겨질 때 매우 행복해했지만 동시에 콜린의 아들이 아니라는 사실 앞에 슬퍼했다고.[26] 안데르센은 자신이 이방인임을 잘 알고 있었다. 아무리 갈망해도 백조가 될 수 없는 오리, 그것이 자신이었다.

만찬 자리에서 안데르센은 사람들에게 시를 낭송해 주고 즉석에서 종이 오리기 솜씨를 보여 주었다. 그렇게 만찬이 끝나면 부르주아 가정의 안락하고 풍요로운 식탁에서 물러나 달빛 들이치는 다락방에 홀로 들어섰을 안데르센. 안데르센에게 글쓰기란 무엇이었을까. 온전히 그 자신의 것으로 허락된 유일한 무엇 아니었을까. 그렇다면 인정받고 성공해야 했던 안데르센이 자신이 가진 유일한 것인 글쓰기에 집착하고 서두른 것이 이상한 일은 아닐 것 같다. 초조함과 불안. 안데르센을 사로잡았을 그 마음을 가진 것 많은 사람들은 아마도 이해하기 어려웠을 것이다.

여행의 시작

혹평의 쓰라림에 몸부림치는 안데르센에게 요나스 콜린은 여행을 떠나 보라고 권했다. 덴마크와 거리를 두라는 것이었다. 그리하여 안데르센은 태어나 처음으로 외국 여행을 떠난다. 경비는 그동안 아껴 모은 돈으로 충당했으며, 여행지는 가까운 독일을 택했다.

1831년 5월 16일, 안데르센은 증기선을 타고 독일로 향했다. 그때 그의 나이 26살. 처음 해 보는 외국 여행에 완전히 매료된 그는 새롭고 낯선 것들과의 조우에 열광했다. 그는 일기에 이렇게 적었다.

"오, 여행, 여행, 이곳에서 저곳으로 훨훨 날아다니며 살 수 있다면! 온 세상이 내 집 같다. 이 집에서 맘껏 뛰놀아야지, 그래야지."[27]

덴마크에서 입은 마음의 상처도 어느새 잊히는 것 같았다.

독일에서 안데르센은 산을 처음 보았다. 덴마크는 국토 대부분이 평지이기 때문에 그는 높은 산을 본 적이 없었다. 설레는 마음으로 브로켄(Brocken) 산 정상에 오른 안데르센, 다른 여행자들처럼 방명록에 벅찬 감흥을 썼다. 한 편의 짤막한 시였다.

구름 위에 서 있는 나

내 마음이 말하기를

조금만 더 가까이 가면

하늘에 손 닿을 수 있을 텐데[28]

그런데 나중에 브로켄에 다녀온 한 친구가 그 시 밑에 누군가 이런 댓글을 달아 놨더라고 알려 주었다.

"참 딱한 안데르센 씨, 시는 당신 노트에나 쓰세요. 여기까지 와서 사람 괴롭게 하지 마시고."[29]

한 달 남짓한 이 여행은 그의 생애에 커다란 전환점이 되었다. 이후, 안데르센은 평생 아주 많은 여행을 하게 된다. 독일, 이탈리아, 프랑스, 그리스, 터키, 오스트리아, 헝가리, 체코슬로바키아, 스웨덴, 노르웨이, 영국, 스페인, 포르투갈, 스위스……. 짧게는 몇 달, 길게는 1년 반씩 걸린 여행의 총 횟수는 약 30회, 통산 기간은 무려 9년이라 하니,[30] 그의 70년 생애 중 7분의 1을 여행지에서 보낸 셈이다. 그의 작품 중 상당수는 여행 중 태어나고 여행하며 완성되었다. 그리고 여행이 끝나면 여행기를 썼다.

그의 첫 번째 성공작이라 할 『즉흥시인』도 여행 중 태동한 것이다. 그는 로마 여행 중에 어머니의 부고를 받았다. 소식을 들은 안데르센의 첫마디는 이것이었다.

"이제야 어머니의 고통이 끝났구나."[31]

그러나 그는 고향 오덴세로 가지 않고 여행을 계속했다. 그러면서 자전적 소설 『즉흥시인』을 쓰기 시작했다. 이것이 어머니에게 바치는 조사였을까? 주인공 안토니오가 겪는 일들은 다름 아닌 안데르센 자신의 이야기였다.

'안데르센 동화'의 탄생

『즉흥시인』은 초판이 매진되었다. 『선데이 타임즈』는 안데르센의 눈부신 복귀라며 호의적인 평을 실었다. 안데르센은 기뻐서 엉엉 울며 행복해했다. 용기백배한 안데르센, 곧이어 한 권의 얇은 책을 세상에 내놓았다. 제목은 『아이들을 위한 이벤티르[Eventyr, fortalte for Børn(Tales, Told for Children)]』(이하 『이벤티르』).

덴마크어 '이벤티르(Eventyr)'는 민담, 민간설화, 동화라는 뜻이다. 이것이 바로 우리가 아는 '안데르센 동화'의 시작이다. 1835년 5월 8일, 그의 나이 30살 때의 일이다.

책에는 4개의 이야기가 수록되어 있었는데, 그중 「부싯깃통」, 「장다리 클라우스와 꺼꾸리 클라우스」, 「완두콩 공주」는 덴마크의 민간설화를 개작한 것이고, 「꼬마 이다의 꽃」은 창작이었다. 책값은 26실링. 출판사는 안데르센에게 원고료로 30릭스달러를 지급했다.

오늘날 우리는 안데르센 동화는 당연히 아이들을 위한 것이라고 생각하지만, 정작 안데르센은 자기 이야기는 오히려 어른을 위한 것이라고 했다. "이야기가 품고 있는 의미는 어른이라야 알 수 있으며, 천진함은 내 이야기의 일부일 뿐"[32]이라고.

『이벤티르』가 세상에 나오자 덴마크 문학계는 코웃음을 쳤다. 『월간 평론(Monthly Review)』은 아예 한마디도 언급하지 않았으며, 『단노라(Dannora)』는 쓸데없이 시간 낭비하지 말라고 진지하게 충고했다. 혹평은 계속되었다.

"『즉흥시인』으로 큰 진전을 보인 작가가 이렇게 유치한 이야기로 급속히 퇴보하다니."

"아이들의 품행을 기르는 데 아무 도움이 되지 않는다."

"상스러울 뿐 아니라 아이들 머릿속에 잘못된 생각을 집어넣는다."

친구들도 말렸다.

"이쪽에는 재능이 없는 것 같으니 그만두는 게 좋겠네."

"정 쓰고 싶으면 먼저 프랑스 동화부터 공부하게나."[33]

당시는 아이들에게 상상과 환상으로 가득 찬 이야기를 읽힌다는 것이 선뜻 허용되지 않던 시절이었다. 아이들 책이라면 당연히 도덕과 예의 함양에 도움 되는 교육적이며 교훈적인 것이라야 한다는 생각이 압도적이었다. 상상이나 환상 같은 비현실적인 것으로 아이들의 머리를 채우는 건 무익하고 해로운 일로 여겨졌다.

"무엇 때문에 말도 안 되는 환상으로 아이들의 정신을 채워야 하는가? 소중한 시간을 왜 그렇게 낭비해야 하나? 사탕을 잔뜩 먹여 아이들 입맛을 버려 놓고 식욕을 망가뜨릴 이유가 대체 뭐란 말인가?"[34]

게다가 『이벤티르』에서 안데르센이 구사한 구어체 문장은 당시의 전통적인 모범적 문체를 완전히 벗어난 것이었다. 지금 우리에게는 말하듯이 쓴 구어체 문장이 낯익고 자연스러울 뿐 아니라 어린이 책은 도리어 그래야 하는 것처럼 여겨지기도 하지만, 200년 전 당시 덴마크에서는 구어체로 글을 쓰는 건 기본을 갖추지 못한 수준 미달이요, 예의를 벗어난 일로 간주되었다. 한 평론지는 점잖은 어투로 훈계했다.

"평소 대화할 때는 아무 문제 없다 하더라도 글로 써서 출판할 때는 정제되지 않은 말투 그대로 쓰면 안 된다."[35]

안데르센의 『이벤티르』는 어린 시절 오덴세에서 동네 할머니들이 들려준 덴마크의 전해 내려오는 이야기에 뿌리를 두고 있었다. 눈으로 읽는 이야기이기 전에 소리 내어 말하고 귀로 듣는 이야기였던 것이다. 평범한 사람들이 사용하는 일상어, 비속어, 문법에 맞지 않는 구어가 구사되었고, 아이들의 말과 어투가 그대로 문장이 되어 담겼다.

이것은 형식에 충실한, 교육받은 중산층 내지 귀족 중심의 문학 전통에 견주어 보면 천박하다 할 만큼 충격적인 것이었다. 당시 평론가들을 비롯하여 식자들의 놀라움과 일종의 분노는 어쩌면 당연한 것이었다.

그런데 안데르센은 『이벤티르』를 쓴 이유를 자서전에서 이렇게 말하고 있다. 어린 시절 들었던 옛날이야기를 자기만의 방식으로 새롭게 독자들에게 들려주고 싶었다고. 어린 그에게 이야기를 들려주던 목소리의 음조와 운율, 말투를 그대로 살리고 싶었다고. 하지만 평론가들이 얼마나 물어뜯을지불 보듯 뻔했기 때문에 일부러 제목에 '아이들을 위한'을 붙인 거라고. 자기 책은 실은 어린이뿐 아니라 어른을 위한 거라고.[36]

안데르센 『이벤티르』의 또 하나의 특징은 해피엔딩이 아니라는 것이다. 그의 이야기들은 '그래서 결혼하여 행복하게 살았습니다'로 끝나지 않는다. 주인공이 겪는 가혹한 운명과 시련, 죽음, 슬픔으로 가득 차 있거나, 무상한 생로병사와 무심히 흐르는 시간을 슬프리만큼 담백하고 사실적으로 묘사하는 경우가 많다. 그의 이야기들은 디즈니 식의 해피엔딩 스토리가 전혀 아니다. 인어공주는 바다에 몸을 던지고, 팽이는 사랑했던 공을 모른 체하며, 주인 행세를 하는 그림자는 주인을 죽게 만들고, 양철병정은 불에 녹아 버린다. 그리고 눈사람은 하필 난로를 사랑한다.

당시 『이벤티르』에 찬사를 보낸 사람은 친구 외르스테드가 거의 유일했다. 물리학자이기도 했던 외르스테드는 말했다.

"『즉흥시인』이 자네를 유명하게 만들었다면 『이벤티르』는 자네를 불멸로 만들어 줄 걸세."[37]

외르스테드가 맞았다.

인어공주는 다름 아닌
안데르센 자신

평론가들과 달리 독자들은 그의 『이벤티르』에 열광했다. 안데르센은 7개월 뒤 이번엔 「엄지공주」, 「못된 아이」, 「길동무」 세 편의 이야기를 수록한 두 번째 『이벤티르』를 내놓았으며, 그 뒤로 거의 매년 크리스마스마다 새 『이벤티르』를 출간했다. 첫 번째 『이벤티르』는 어린 시절 동네 할머니들에게 들은 이야기들을 토대로 하고 있었지만 그 뒤로는 창작물이다.

해마다 크리스마스 시즌이 다가오면 아이들과 부모들은 안데르센의 『이벤티르』를 기다렸다. 그의 이야기는 극장 무대에 올랐으며 독일어, 영어, 프랑스어 등으로 번역되어 덴마크 국경을 넘어 유럽으로 퍼져 나갔다.

안데르센은 이제 문학계에서 자신만의 분명한 자리를 갖게 되었다. 만약 사람들 충고대로 프랑스 동화를 공부했더라면 이르지 못했을 자리 아니었겠냐고 안데르센은 자서전에서 말한다.[38]

자신감을 얻은 안데르센은 1843년 출간한 『이벤티르』에서는 제목에서 '아이들을 위한'을 빼고 『니예[Nye(new)] 이벤티르』라 했으며, 더 나중인 1852년에는 아예 제목을 『히스토리에(Historier)』라고 바꾸었다. '이야기(Stories)'라는 뜻이다. 아이들을 위한 것이라는 포장은 이제 필요 없었다.

유명한 「인어공주」는 1837년, 그의 나이 32살 때 발표한 세 번째 『이벤티르』에 「벌거벗은 임금님」과 함께 수록된 것이다. 「인어공주」는 안데르센 스스로 가장 감동받은 이야기라고 했던 작품이다. 그는 주인공의 고통과 기쁨을 온전히 자기 것으로 느꼈다.

특히 결말은 안데르센의 사랑, 소망, 고통, 그의 메시지가 농축, 집약된 것이다. 사랑하는 왕자를 차마 칼로 찌르지 못하고 물거품이 되기를 택한 인어공주는 다름 아닌 안데르센 자신이었다. 왕자는 안데르센이 짝사랑한 모든 이루어질 수 없는 사랑이기도 하고, 안데르센이 속하기를 소망한 콜린 가족과 덴마크 상류사회이기도 하다.

안데르센의 사랑은 하나같이 외사랑이었다. 그가 사랑한 상대들은 거의 다 안데르센보다 신분이 높거나 부유한 사람들이었다. 백조들의 세계, 안데르센의 시선은 거기를 향해 있었지 비슷하거나 아래쪽에 있지 않았다. 자연히 사랑의 대상도 그 세계에 속한 사람들이었다. 안데르센은 일기에서 자신의 사랑이 번번이 실패하는 까닭을 가난 탓으로 돌렸지만, 단지 돈만의 문제가 아님은 스스로도 알고 있었을 것이다. 결국 그는 평생 결혼하지 않고 독신으로 살았다.[39]

이야기 속에서 인어공주는 사랑의 상실을 대가로 불멸의 영혼을 가질 기회를 얻는다. 타인이 주는 사랑에 의해서가 아니라 스스로의 노력으로 획득하는 불멸. 이것이 안데르센이 추구한 영혼의 구원이었다.

"나는 인어공주가 다른 존재, 그러니까 인간의 사랑에 의해 불멸의 영혼을 얻는 것으로 하지 않았습니다. 그건 분명 잘못된 것입니다! ……불멸의 영혼이 타인이 주는 사랑에 의해 얻어진다는 데 나는 동의하지 못하겠어요."[40]

그러고 보면 「인어공주」의 하이라이트요 작자의 메시지가 농축되어 있는 부분은 다름 아닌 결말이다. 이런 결말의 의미를 알고 나면, 그것을 원작과 완전히 다르게 바꿔 버린 디즈니 애니메이션 식의 결말이 얼마나 작자의 의도와 엇나가는 것인지, 얼마나 작품 전체를 변질시키는 것인지 알 수 있다. 비록 그쪽이 아무리 행복하고 마음 편할지라도.

사랑을 상실한 안데르센은 성공에 대한 열망을 더욱 확고하게 불태웠다. 사랑이 안 된다면 명예를 원했으며, 그것이 불멸과 구원을 안겨 주기를 바랐다. 살아가는 데는 누구나 존재의 이유가 필요한 법이니 그거라도 있어야 하지 않겠냐면서.

"나는 명예를 갈망합니다. 구두쇠가 황금을 갈망하듯이. 명예든 황금이든 모두 덧없는 거라고 말들 하지만 이 세상을 살아가는 데는 마음 붙일 무언가가 있어야 해요. 그렇지 않으면 무너져서 썩어 버릴 테니까."[41]

안데르센이 친구 헨리에테 행크에게 보낸 편지다. 이 무렵, 그가 다른 지인에게 보낸 편지에는 이런 구절이 있다.

"사람들은 나를 이 시대의 훌륭한 작가라고 부르겠지만 나는 더 많은 것을 원합니다! ……이 시대의 위대한 작가, 다음 시대에 더 위대한 작가. 이것이 내 소망이에요."[42]

시대를 넘어 불멸하는 작가. 안데르센은 그것을 원했다.

안데르센이 여행하는
이유

안데르센은 덴마크보다 외국에서 더 먼저, 더 크게 환영받았다. 독일을 비롯하여 유럽 각국의 왕, 귀족들이 그를 환대했으며 이야기를 낭독해 달라고 청했다. 덴마크에서 안데르센은 오덴세 출신의 촌스럽고 어이없는 허영심 덩어리이지만, 외국에서 그는 성공한 유명 작가였다. 그의 고생 끝 성공 스토리는 미담으로 받아들여졌고, 그의 조야함은 순수함으로 칭송되었다. 아무도 그의 사투리를 문제 삼거나 행동이 우스꽝스럽다고 흉보지 않았다.

안데르센에 대한 환대는 그의 『이벤티르』 덕분이 아닐 수 없었다. 아이들이 먼저 환호했고 그를 보며 부모들이 기뻐했다. 왕을 비롯하여 공작, 백작 같은 귀족들이 보낸 환대에는 그 자식들의 환호로 소멸되거나 물러진 신분의 벽이 큰 역할을 했다는 것을 부정할 수 없을 것이다.

안데르센이 평생 했던 수많은 여행들은 그저 낯선 나라의 새로운 풍경을 즐기는 것이 아니었다. 각국에 사는 유력 인사와 저명인사를 찾아가 친교를 맺고 그들의 인정을 받는 것이야말로 여행의 아주 중요한 목적이요 일정이었다. 그의 수첩에는 이번 여행에서 방문할 나라들의 왕과 왕비의 이름, 생일

목록이 적히곤 했다. 1845년의 목록에는 무려 18명의 이름이 적혀 있었다.

그의 자서전과 여행기는 유럽 각국의 왕실과 귀족, 유명 인사들과의 만남, 그들이 어떻게 자신을 환대했는지에 대한 이야기로 가득 차 있다. 프로이센 왕, 바이마르 대공, 바이에른 왕, 공작, 백작, 백작 부인, 남작 부인…… 그리고 오늘날 우리에게 익히 알려져 있는 유명 예술가들의 이름이 줄지어 등장한다. 하이네, 알렉상드르 뒤마, 빅토르 위고, 리스트, 멘델스존, 슈만과 그의 부인 클라라, 찰스 디킨스…… 그의 자서전과 여행기를 읽다 보면 마치 얼마나 많은 저명인사들이 그를 인정해 주었는가에 대한 길고 긴 증거 목록을 보는 것 같다.

여행지에서는 귀족이나 왕실의 손님으로서 그들의 저택과 성에 머물며 그곳의 일상을 만끽했다. 편안하고 안락한 침실, 하인이 시중 드는 식탁, 근사한 정원과 산책로, 아름답고 평화로운 아침, 햇살 눈부신 오후, 샴페인과 와인이 있는 만찬.

『미운 오리새끼』와 「성냥팔이 소녀」가 다름 아닌 그런 곳에서 태어난 것이라면, 아이러니일까? 『미운 오리새끼』는 몰트케 백작의 저택에서 쓴 것이고, 「성냥팔이 소녀」는 아우구스텐보르 공작의 성에 머물며 쓴 것이다. 길에서 얼어 죽는 가난한 소녀의 이야기가 풍족하고 따뜻한 공작의 성에서 쓰이다니, 소녀가 성냥을 켤 때마다 펼쳐지는 화려한 환상이 안데르센에게는 현실이 되어 있었다.

가난은 안데르센에게 너무도 익숙한 것이지만 그의 관심은 가난한 이들과의 연대에 있지 않았다. 그는 개혁가가 아니었다. 그는 기존 질서를 신뢰했으며 그에 의문을 품거나 불만을 갖지 않았다. 그의 관심은 기존 질서의 상층부로부터 인정과 칭찬, 사랑을 받아 그 일원이 되는 데 있었지 변화나 개혁 같은 것에 있지 않았다.

"정치는 나의 일이 아니다."[43]

안데르센은 이렇게 말하곤 했다. 그는 '정치'라는 단어를 앞세워 사회문제를 비껴갔지만, 그 자신이 하고 있는 기존 질서 지지 역시 그의 표현에 따르면 '정치'임을 몰랐던 걸까. 안데르센의 전기를 쓴 영국 작가 울슐라거는 말한다.

"그는 부와 권력의 덫을 사랑했고 한 번도 엘리트 중심의 사회제도에 의문을 품지 않았다."[44]

그렇다고 안데르센을 비난할 건 전혀 아니다. 가난과 고생을 겪을 만큼 겪은 사람이 유복하고 안락한 삶을 구하는 것은 시대를 불문하고 흔히 있어 온 일이다.

위로와 치유로서의
여행

안데르센은 상처받을 때마다 여행을 떠났다. 그에게 여행은 도피처이자 위안처요 에너지원이었다. 자존감 충전 과정이라 해도 좋을 것이다. 덴마크에서 밟히고 치인 자존감을 외국의 저명인사들과 귀족들의 환대로 회복하고 채우는 충전 과정. 모욕감으로 깊게 베인 상처에 인정과 환영의 연고를 바르는 치유 과정.

여행으로 안데르센은 휴식과 위로를 느꼈으며 존재의 이유와 창작에 대한 새로운 힘을 얻었다. 그는 마음 아플 때마다 여행을 떠났고, 회복하여 돌아왔다. 위로와 치유. 그것이 안데르센이 여행하는 이유였다.

그러나 안데르센이 만난 유명 인사들이 모두 그를 알아봐 준 건 아니다. 베를린에서 그림 형제를 찾아갔을 때의 일이다. 『그림 동화』의 저자이니만큼 누구보다 자신을 반겨 줄 거라고 잔뜩 기대에 부푼 안데르센, 야코프 그림을 만나 호기롭게 자기 이름을 댔다. 그런데 당시 39살이던 안데르센보다 20살 위인 야코프는 적잖이 당황한 목소리로 말했다.

"기억에 없는 이름이군요. 무엇을 쓰셨나요?"

안데르센은 '이벤티르' 제목들을 늘어놓았다. 야코프는 고개를 저었다. 안데르센은 이번엔 시, 희곡, 소설 들을 말했다. 야코프는 여전히 고개를 저었다. 안데르센은 소리쳤다.

"저를 모르시다뇨! 제가 쓴 작품들을 일일이 다 말씀드렸는데도 모르시는군요."

야코프는 안데르센을 달랬다.

"모르지만, 알게 되어 기쁩니다. 저, 내 동생 빌헬름을 만나 보시겠습니까?"

아니라고 하며 안데르센은 서둘러 돌아섰다. 그리고 나중에 사람들이 베를린에서 환영받았느냐고 물으면 시큰둥하게 답했다.

"그림 형제가 나를 모르더라고요."[45]

안데르센은 아주 걱정이 많은 사람이었다. 여행할 때마다 숙소에 불이 날 경우를 대비하여 탈출용 밧줄을 갖고 다녔으며, 사람들이 잠자는 자기를 죽은 줄 알고 묻어 버릴까 봐 침대 머리맡에 "죽은 것이 아닙니다"[46]라고 쪽지를 써 놓았고, 기차역에는 언제나 한 시간 일찍 나갔다. 그리고 늘 여권 걱정을 했다. 기생충에 감염될까 봐 돼지고기를 먹지 않았으며, 마차를 탈 때는 역방향 좌석에 앉지 않았다. 안 좋은 일이 생긴다는 미신 때문이었다.

"오, 어쩌면 나는 걱정거리를 이리도 잘 찾아내는지!"[47]

그의 일기의 한 대목이다.

자라지 않은

내면 아이

1857년 6월, 그의 나이 52살 때 안데르센은 영국의 유명 작가 찰스 디킨스의 집에 초대 받았다. 디킨스에게는 딸 셋, 아들 일곱이 있었다. 그런데 얼마 지나지 않아 서로 불편해지기 시작했다. 안데르센은 일기에 적었다.

"딸들은 내 생각을 조금도 해 주지 않고 애들 이모는 더하다. 기분 나빠서 잠자리에 들었다. …… 차에 설탕이 너무 적게 들어 있었다. …… 딸 케이트는 날이 서 있고, 애들 이모는 나를 지겨워하는 게 틀림없다. …… 아들 월터는 우둔해!"[48]

그런데 디킨스의 아들 헨리에 따르면, 안데르센은 "평소 행동에서 사람을 매우 난처하게 하는 데가 있었다. 그는 '눈치 없는' 행동들을 무의식적으로 계속 저질렀다".[49] 당시 18살이던 딸 케이트는 그를 '뼈만 앙상한 지겨운 사람'[50]이라고 했다.

이쯤 되면 빨리 떠나는 것이 서로 좋았을 텐데, 안데르센은 눈치 없게도 예정된 2주일보다 두 배나 더 머물렀다. 이윽고 안데르센이 떠난 뒤, 디킨스는 안데르센이 묵었던 방에 쪽지를 꽂아 놓았다.

"한스 크리스티안 안데르센이 여기서 5주일 머물렀다. 우리 가족에게는 '평생' 같았다!"[51]

안데르센이 이를 알았던 걸까. 그는 디킨스에 대해 자서전에 이렇게 쓴다. 두 번 반복해서.

"다 끝났다. 모든 이야기는 끝이 나는 법이지."[52]

안데르센은 함께 있으면 편안한 사람이 결코 아니었다. 특히 일상생활에서 그의 행동거지는 이른바 세련된 매너와 상당한 거리가 있었다. 66세의 안데르센에 대한 한 회고를 들어보자.

덴마크의 부유한 상인 멜키오르 저택을 방문한 영국 여성 애니 우드는 손님으로 와 있던 안데르센을 만났다. 말로만 듣던 유명 작가 안데르센을 몇 주일 동안 가까이서 지켜본 그녀는 훗날 안데르센 사망 후 이렇게 말한다.

"혐오스럽다고까지는 할 수 없지만 그의 습관은 매우 부주의했다. …… 식탁에서는 게걸스럽게 먹었으며 그가 먹은 자리는 단연 지저분했다. 그는 시간 개념이 전혀 없었다."[53]

그는 식탁에서 언제나 자신이 가장 우선시되어야 한다고 생각했다. 하루는 자기 아닌 다른 사람에게 먼저 음식이 서빙되자 "못마땅해서는 말도 안 하고 먹지도 않고서 일찍 일어나 버렸다". 그러고는 몹시 언짢아하면서 사람들이 "더 이상 자기를 사랑하지 않는 것 같다"고 투덜거렸다.[54]

안데르센이 가장 기뻐할 때는 온 세상이 그와 그의 작품을 칭찬하고 인정한다는 얘기를 들을 때였다. 그의 관심은 자기 자신에 집중되어 있었다. 애니 우드는 안데르센이 어린아이 같았다고 말한다.

"아주 예민하고 지극히 자기중심적이며 순진하리만큼 자만심에 취해 있고, 관심, 흥미, 의미 등 삶의 모든 중심이 자기 자신이며, 바깥 세상에 다른 기준이 존재한다는 것을 조금도 의식하지 못하고, 어디서든 무슨 일에서든 당연히 자신이 최우선이요 전부로 대우받아야 하는 어린아이."[55]

어린아이 같다. 이것은 안데르센을 만나 본 사람들이 어떤 의미에서든 이구동성으로 한 얘기다. 사실, 안데르센 자신도 모르지 않았다.

"저 자신이 정말 어린애 같다고 생각합니다. 미소 한 번, 따뜻한 말 한 마디에 금세 기뻐 어쩔 줄 몰라 하는가 하면, 차가운 표정 하나에 영혼 깊숙이 불행을 느끼는 걸 보면."[56]

몸은 다 자란 어른이지만 그의 내면에는 자라지 않은 어린아이가 있었다. 칭찬과 인정을 갈구하는 아이. 사랑과 관심을 원하는 외로운 아이. 안데르센의 동화는 그 내면 아이의 이야기였는지도 모르겠다.

안데르센은 정상에 올랐다. 『이벤티르』는 매번 출간 즉시 매진을 기록했으며, 그의 희곡은 극장에서 성황리에 공연되었고, 평론가들은 더 이상 비난하지 않았다.

그는 덴마크 왕과 왕비의 만찬 초대 손님이었으며, 외국 여행을 할 땐 그곳 귀족의 저택이나 왕의 궁전에서 머무르는 귀빈이었다. 덴마크, 프로이센, 스웨덴을 비롯한 여러 나라가 그에게 훈장을 수여했으며, 원고료 수입은 갈수록 늘고 왕실에서 주는 연금도 풍족했다. 그는 더 이상 다락방에서 살지 않았다. 고향 오덴세는 그를 명예시민으로 위촉했고, 오래전 점쟁이의 예언처럼 오덴세 사람들은 횃불을 밝혀 환영했다. '유명해지겠다'는 어린 시절 소원은 이루어졌다. 좋았다. 모든 것이.

그럼, 내면은 어떠했을까. 평생 그를 옥죈 콤플렉스로부터 자유로워졌을까. 평온과 평화를 얻었을까.

알 수 없다. 그러나 한 가지는 분명하다. 그가 두려워했던 잊힌 존재는 되지 않았다는 것이다. 그의 작품들은 시간과 공간을 넘어 200년이 지난 21세기 오늘날에도 널리 읽히고 있고, 앞으로도 그럴 것이다.

최근 유네스코에서 발표한 번역 인덱스에 따르면, 안데르센은 세계에서 가장 많이 번역된 작가 중 한 사람이다.[57] "다음 시대에 더 유명한 작가"가 되고 싶다던 그의 소망은 이루어졌다. 안데르센은 1875년 70살을 일기로 세상을 떠났으나, 콤플렉스와의 평생 분투 속에서 태어난 그의 작품들은 살아 있다.

"세상에
초라한 사람은 없어.
초라하게 여기는
사람만
있을 뿐."

죽음 앞에 선

두

삶

폴 칼라니티와 진수옥

죽음만큼 삶을 성찰하게 하는 것이 있을까. 인간을 포함하여 모든 살아 있는 것은 죽음을 피할 수 없다. 저마다에게 허락된 시간은 다를지라도 생명에게 죽음이란 정해져 있는 종착역과도 같다. 아이러니 아닌가. 생명의 본질이 삶일진대 삶의 종착역이 다름 아닌 죽음이라니. 때문에 삶이란 대관절 무엇인가에 대해 인간은 끊임없이 질문을 던지고 답을 추구해 왔다. 문학, 철학, 예술, 종교, 역사, 과학 등등 인간이 이루고 쌓아 온 모든 지식과 지혜, 학문 들이란 실은 그 질문에 대한 답을 찾으려는 몸부림이 아닐까 싶다.

여기 두 삶이 있다. 어느 날 갑자기 눈앞에 닥쳐 온 죽음 앞에 서게 된 두 사람. 예측한 것도 감지한 것도 아니었다. 원한 건 더더욱 아니었다. 생의 찬란한 정점에서 느닷없이 찾아온 불가항력의 것. 이 이야기는 이들이 그에 맞닥뜨린 이야기다.

폴 칼라니티,

36살의 의사에게 찾아온 것

1년 뒤면 신경외과 레지던트 수료였다. 6년이란 시간이 살같
이 빨리 흘렀다. 미국의 신경외과 레지던트 수련 기간은 7년,
의학의 여러 분과 중에서도 가장 긴 편에 속한다. 숨차게 달려
온 시간들이었다.

폴 칼라니티는 전도양양한 젊은 의사였다.[1] 뛰어난 외과의
였고 학계의 권위 있는 연구 상 수상자였으며, 미국 내 유수한
대학과 병원 여기저기서 러브콜을 받고 있었다. 모교인 스탠
퍼드 대학도 교수 자리를 제안해 왔다. 마지막 1년을 잘 마친
뒤, 어디든 가장 마음에 드는 곳을 선택해서 가면 되었다. 그는
길고 고된 등반 끝에 막 정상에 올라선 참이었다. 이제 남은
건 눈앞에 펼쳐진 아름다운 미래를 만끽하는 일뿐. 그런데 그
때였다. 암이 다가온 것이.

실은 반년 전부터 몸이 좋지 않았지만 과로 탓이려니 하고
지나가곤 했다. 그런데 이젠 체중이 눈에 띄게 줄고 허리가 몹
시 아팠으며, 밤에 잘 때 식은땀을 흥건히 흘렸다. 가슴에도 통
증이 있었다. 그리고 쏟아지는 기침.

휴가를 맞아 뉴욕에 사는 친구를 만나러 가던 길에 폴은 지
독한 허리 통증을 느꼈다. 전에 겪어 보지 못한 무서운 통증이

었다. 간신히 도착한 친구 집에서 그는 무겁게 말을 꺼냈다.

"나 암인 거 같아."[2]

일련의 증상들이 말해 주고 있는 것이 너무나도 분명하고 또 익숙했다. 그동안 폴은 이런 환자들을 아주 많이 보아 왔다. 휴가는 중단되었다.

폴은 하얀 의사 가운 대신 환자복을 입고 환자용 침대에 누웠다. 그가 오랜 시간 혼신을 다해 일해 온, 수많은 환자들을 진찰하고 진단하고 수술했던 그 병원, 그 자리에 이제 자신이 누워 있었다. 7년차 최고참 레지던트라는 정체성은 거기서 아무 의미도 없어 보였다.

CT 검사 결과를 폴은 꼼꼼히 들여다보았다. 레지던트 6년 동안 셀 수 없이 보아 온 것이었다. 다른 점이 있다면, 이건 타인의 것이 아니라 폴 자신의 것이라는 사실뿐. 폐암 4기. 진단은 분명했고 바뀔 가능성은 없었다.

폴은 순간 울음을 터뜨렸다. 곁에 있던 아내 루시도 눈물을 흘렸다. 내과 의사인 루시가 보기에도 진단은 명백했다.

2013년 5월, 폴의 나이 36살이었다.

모든 것을 날려 버린
암

암은 그가 오랫동안 준비해 온 삶을 한순간에 날려 버렸다. 약속되었던 찬란한 미래는 순식간에 사라졌으며 그가 발 디뎠던 정상은 산산이 부서져 내려앉았다. 마치 눈앞에서 강력한 폭탄이 터진 것 같았다고 폴은 그 순간을 기억한다.[3] 오랜 시간 가꾸고 수고를 다하여 한 켜 한 켜 쌓아 온 지난날과 앞으로의 계획들을 단번에 휩쓸어 버린 강력한 폭탄. 남은 건 모든 것이 사라지고 텅 비어 버린 황무지뿐이었다.

며칠 뒤, 폴은 주치의를 만나 앞으로의 치료에 대해 얘기를 나누었다. 치료법으로는 두 가지를 꼽을 수 있었다. 첫째, 화학요법. 세칭 항암제 치료라 하는 전통적인 방식으로서 효과가 검증되어 있으나 암세포뿐 아니라 다른 건강한 세포들도 공격받는다. 둘째, 암세포의 특정 분자 결함을 공격하는 요법. 세칭 표적치료라 하는 보다 새로운 방식으로, 표적치료가 가능한 특정 변이가 발견되면 시도해 볼 수 있었다.

집으로 돌아온 폴은 준비를 했다. 환자가 된 자신에게 필요한 물건들, 이를 테면 지팡이, 요통에 도움되는 매트리스 등을 구입하고, 앞으로 들어갈 비용을 고려해서 수입과 지출을 점검했다. 1년 뒤 전문의가 되면 수입이 훨씬 늘어날 거라는 예상하에 짠 계획들은 전부 수정해야 했다. 대출 역시 이자가 싼 쪽으로 갈아타는 게 좋겠다는 생각이 들었다. 그리고 자신이 죽으면 홀로 남을 아내를 위한 대책도 잊지 말아야 했다.

들러야 할 곳이 있었다. 정자은행이었다. 화학요법을 하게 될 경우를 대비하여 항암제 영향을 받기 전에 정자를 냉동 보관해 둘 생각이었다. 폴과 루시는 폴의 레지던트가 끝나면 아이를 가질 계획이었다. 어디 아이뿐이던가. 레지던트 마친 뒤로 미뤄 둔 일은 아주 많았다. 하고 싶은 일, 이루어야 할 여러 계획과 소망들이 기다리고 있었다. 아이를 낳아 키우고 아이에게 그림책을 읽어 줄 수 있는 시간이 자신에게도 허락될까, 폴은 알 수 없었다.

이윽고 변이 검사 결과가 나왔다. 다행히 항암제 아닌 약물 치료가 가능했다. 폴은 환호했다. 희망 한 줄기가 다가온 것 같았다.

남은 시간은 얼마일까

폴은 자신의 암을 두 개의 시선으로 바라보았다. 의사로서 폴은 자신의 병을 끊임없이 냉정하게 객관화시켰으며, 환자로서 폴은 병을 온몸으로 느꼈다.

자신의 암 앞에서 의사로서 폴이 해야 할 일은 다음의 질문을 하지 않는 것이었다.

"대체 왜 내게 이런 일이 일어났나?"

의사 폴은 질문의 답을 알고 있었다. 그건 "일어나지 말란 법 있나"였다.[4]

그러나 환자 폴은 끊임없이 묻고 있었다. 여기까지 왔는데, 이제 좋은 일만 남았다고 생각했는데, 하필 여기서 왜 내게 이런 일이 생기나.

암 진단을 받으면 사람들은 대체로 두 가지 반응을 보인다. 하던 일을 완전히 중단하거나 아니면 더욱더 전념하거나. 의사로서 폴이 할 일은 어느 쪽도 괜찮다고 말해 주는 것이었다. 그러나 환자로서 폴은 어느 쪽으로 가야 할지 선뜻 알 수 없었다.

남은 시간이 얼마인지 알 수가 없으므로 뭘 해야 할지도 알 수 없었다. 기왕의 계획은 다 흐트러졌고 새로운 계획을 세우기에는 미래가 너무나 불확실했다. 남은 시간을 정확히 알면 좋을 텐데. 1년 남았으면 책을 쓸 것이고 10년 남았으면 의사로 복귀할 거고, 3개월 남았으면 다 정리하고 가족과 시간을 보낼 텐데.[5]

폴은 물었다. 내게 남은 시간은 얼마일까? 의사는 영영 될 수 없는 건가? 희망을 다시 품어도 될까? 품은 희망을 이룰 시간이 있기는 할까? 아기를 가져야 할까? 말아야 할까? 내게 주어진 하루로 나는 무엇을 해야 하나?

자신의 암 앞에서 환자 폴은 고통이라는 것이 실제로 어떤 느낌인지 비로소 알게 되었다. 의사 폴은 고백한다. 병에 대해 아는 것과 그것이 실제로 어떤 것인지 느끼는 건 다르다고. 의사의 길에 들어선 지 11년이나 되었지만 환자가 겪는 고통이 어떤 건지 그동안 알지 못했다고.[6] 사랑에 대해 이론적으로 통달했다고 해서 사랑에 빠졌을 때의 실제 느낌을 알 수 있는 건 아니듯이, 병이나 고통에 대한 지식과 그것을 실제로 겪는 것은 전혀 다른 일이었다.

"나는 계속할 수 없어.
하지만 계속할 거야."

폴은 수술실로 돌아가겠다고 마음먹었다. 어차피 확실한 게 아무것도 없다면, 그냥 계속 살아가는 쪽을 택하기로 했다. 살아 있는 순간까지는 사는 것이다.

수술실로 복귀하려면 우선 체력을 회복해야 했다. 몇 시간이고 서서 수술을 해내고, 고도의 집중력과 긴장을 장시간 유지할 수 있어야 했다.

하지만 그의 몸은 형편없이 약해져 있었다. 등산을 즐기고 하프 마라톤을 완주하던 몸은 사라지고 없었다. 그의 체력은 겨우 두 다리를 들어 올릴 수 있는 정도밖에 되지 않았다. 폴은 목표를 세웠다. 다시 자전거를 타고 달리기를 할 수 있는 사람이 되자. 그는 약물치료와 함께 물리치료를 시작했다.

물리치료가 그렇게 힘들고 고통스러운 것인지 예전엔 전혀 알지 못했다. 폴은 자신이 물리치료 처방을 내렸던 많은 환자들을 떠올렸다. 자신은 진료기록에 몇 줄로 적었을 뿐이지만, 그들은 이 고통을 말없이 감내했을 것이다. 그들이 겪었을 소리 없는 고통이 전부 화살이 되어 자신에게 되돌아오는 것만 같았다.

물리치료를 시작한 지 두 달가량 지났을 때, 폴은 제법 오래 앉아 있을 수 있게 되었다. 그전엔 지쳐서 30분도 앉아 있지 못했다. 그리고 마침내 자전거를 타는 데 성공했다. 루시와 달리던 자전거 길에서 6마일이나 달렸다. 비록 30마일을 너끈히 달리던 예전에 비할 순 없지만 괜찮은 진전이었다.

CT 검사 결과도 좋았다. 치료 시작 6주, 그러니까 한 달 반쯤 되었을 때 찍은 CT 검사에서는 폐를 뒤덮다시피 했던 종양들이 사라지고 없었다. 작은 결절 한 개만 남아 있었다. 폴은 안도의 숨을 내쉬었다. 이런 상태면 10년도 살 수 있을지 모른다. 주치의는 기뻐하며 앞으로는 6주에 한 번씩 만나자고 했다.

이제 다시 뭔가를 소망하고 계획해도 될 것 같았다. 하지만 미래가 불확실해져 버린 건 여전했다. 선배, 동료들은 이미 저만큼 앞서가고 있었다. 경력, 승진, 안정된 일자리, 늘어난 수입, 좋은 집, 인정과 명예……. 그들이 손에 거머쥔 것은 폴도 분명 누리고 가졌을 것들이었다. 그러나 지금 폴은 걷는 데 지팡이를 겨우 면한 신세다.

무엇을 할 수 있을까, 얼마나 할 수 있을까, 대체 나는 무엇으로 살 수 있을까. 폴은 방황했다. 어느 날 갑자기 다가온 암 앞에서 자신의 모든 것이 통째로 바뀌었다는 사실을 사무치게 절감했다.

그러던 어느 아침, 눈을 뜬 폴의 머릿속에 문득 한 귀절이 떠올랐다.

"나는 계속할 수 없어."

"하지만 계속할 거야."[7]

사뮈엘 베케트의 소설 『이름 붙일 수 없는 자(The Unnam-able)』[8]의 마지막 귀절이었다.

폴은 천천히 침대에서 일어나 앉았다. 그리고 소리 내어 말했다.

"나는 계속할 수 없어. 하지만 계속할 거야."

절망에 휩싸일 때마다 폴은 이 귀절을 마음속으로 뇌이면서 한 걸음 한 걸음 나아갔다. 불안을 뚫고 앞으로.

2013년 가을, 마침내 폴은 신경외과 레지던트로 복귀했다. 암 진단을 받은 지 18주, 그러니까 4개월 반 만이었다.

복귀 후 처음으로 수술을 맡은 전날 밤, 폴은 쉽게 잠들지 못했다. 가장 자신 있고 수없이 해 본 수술이건만 마치 처음 메스를 드는 것처럼 긴장되고 설레었다. 수술 절차를 몇 번이나 반복해서 점검하고 관련 자료를 뒤적였다.

드디어 아침. 병원에 출근해서 수술용 가운을 입는데 콧날이 시큰했다. 다시는 이 가운을 못 입을 줄 알았다.

문학과 뇌

폴 칼라니티는 1977년 뉴욕에서 태어났다. 아버지, 삼촌, 형 모두 의사였다. 폴의 나이 10살 때 그의 가족은 뉴욕을 떠나 애리조나 주 킹맨으로 이사했다. 그의 기억 속에 자리한 킹맨은 사막과 산맥, 도시가 공존하는 곳이었다. 그는 종종 사막에 가서 낮잠을 자다가 해가 기울면 걸어서 도시로 돌아오곤 했다. 발 밑에 더 이상 모래가 보이지 않으면 거기서부터 도시였다.

그는 아직은 되고 싶은 것이 딱히 없는 소년이었다. 되고 싶지 '않은' 것은 있었다. 의사였다. 어린 그에게 의사란 '부재중'

과 동의어였다.[9] 심장병 전문의로서 지역에서 존경받는 의사였던 아버지는 늘 바빴기 때문에 어린 폴에게는 언제나 '부재 중'이었다.

애리조나에서 고등학교까지 마친 폴은 스탠퍼드 대학 영문학과에 입학했다. 그의 관심은 문학, 그리고 뇌였다. 문학과 뇌라니, 전혀 어울리지 않는 조합처럼 보이지만 폴에게는 이것이야말로 지극히 당연한, 그러나 매우 신비로운 조합으로 다가왔다. 삶의 의미를 말해 주는 문학과 그것을 가능하게 해 주는 뇌, 둘의 경이로운 만남.

그는 대학에서 문학, 철학, 생물학, 신경과학 강의를 열심히 들었다. 문학과 철학은 삶의 의미를 알게 해 주고, 신경과학은 뇌에 대해 알게 해 준다고 생각했기 때문이다.

그 같은 문제의식을 계속 발전시켜 스탠퍼드 대학원 영문학과에 진학하여 석사학위를 받았다. 논문 주제는 '휘트먼과 인격의 의료화(Whitman and the Medicalization of Personality)'.[10] 문학과 신경과학, 정신의학을 접목시킨 이 논문은 당시로서는 상당히 '튀는' 것으로 기존의 영문학 연구들과 완전히 궤를 달리하고 있었다.

그는 진로를 놓고 고민에 빠졌다. 문학과 과학. 이 '어울리지 않는' 조합이야말로 그의 최대 관심사인데 그것을 과연 어디서 구현할 수 있을까 싶었다. 기존 영문학계에는 자신이 발

디딜 자리가 별로 없는 것 같았다.

폴은 과학과 문학, 철학이 만나는 곳. 즉 인문학과 과학이 만나는 지점을 찾고 있었다. 그것은 삶과 죽음이 만나는 지점이기도 했다.

길을 걷던 어느 오후, 문득 답이 떠올랐다. 절대 되지 않으리라 생각했으며, 한 번도 되고 싶어 하지 않은 의사. 그런데 자신의 오랜 질문에 대한 답을 찾을 수 있는 길이 다름 아닌 의학에 있을 거라는 생각에 이르게 된 것이다.

마음을 굳힌 폴은 의예과 교수를 찾아가 상담을 하고 의학 대학원 진학을 위한 준비를 시작했다. 의예과 과정을 밟고, 영국으로 가서 케임브리지 대학의 '과학의 역사와 철학(HPS; History and Philosophy of Science)' 과정을 마쳤다. 그리고 미국에 돌아와 예일 의학 대학원에 합격, 의사로서의 길을 걷기 시작했다. 거기서 루시를 만나 결혼했다.

예일 의학 대학원 졸업 후 폴은 모교 스탠퍼드에서, 루시는 UCSF(University Of California San Francisco)에서 레지던트 과정을 시작했다.

폴이 택한 전공은 신경외과였다. 뇌를 비롯해 사람 몸의 신경을 다루는 신경외과는 뇌출혈, 뇌동맥류 같은 촌각을 다투는 응급환자들이 많고, 생사의 갈림길에서 살아났다 해도 의식을 찾지 못한 채 식물인간처럼 누워 있는 환자도 많다. 그런

신경외과야말로 자신이 줄기차게 품어 온 질문, 즉 삶과 죽음과 의미, 이 세 가지가 맞닥뜨리는 지점이라고 폴은 생각했다. 그는 돈, 지위, 출세를 좇기보다 삶과 죽음이 엇갈리는 현장에 서고 싶었다. 그러면서 존재의 의미와 정면으로 마주하고 싶었다.[11]

폴이 생각하는 의사, 되고자 한 의사는 이런 사람이다. 죽음이 이길 거라는 것을 알면서도 환자를 위해 마지막 순간까지 싸우는 사람. 완벽하진 못해도 완벽에 다가가려고 애쓰는 사람.[12]

의사가 할 일은 삶이 무너져 버린 환자에게 예전의 삶 그대로를 되찾아 주는 것이 아니라, 무너진 지점에서 일어나 스스로를 재발견하고 자신의 생을 다시 마주하게끔 돕는 거라고 폴은 말한다.[13] 예전의 삶 그대로로 돌아가는 것이 아니라 새로운 출발을 하는 것. 원래의 꿈을 이루지 못하게 되었다고 해서 삶이 끝나는 건 아니다.

이것이 끝은 아니다

폴의 레지던트 복귀는 성공적이었다. 체력도 좋아져서 처음에는 수술만 했지만 차츰 수술 외 업무까지 전부 소화할 수 있게 되었다. 하루 16시간 근무도 감당해 냈다. 하지만 퇴근하여 집에 돌아오면 걷잡을 수 없이 피곤이 몰려왔으며, 수시로 엄습해 오는 통증과 구역질은 진통제, 소염제, 구토 방지제로 달래야 했다.

아무튼 폴은 완벽하게 복귀했다. 그리고 아내 루시는 임신 중이었다. 두 사람은 심사숙고 끝에 아이를 갖기로 했던 것이다. 살아 있는 동안에는 사는 일을 생각하자, 죽어 가고 있다 해서 생이 주는 희로애락을 모두 포기할 이유는 없지 않은가. 두 사람은 폴의 상태를 고려하여 체외수정을 택했다.

새로 시작한 일도 있었다. 폴은 글을 쓰기 시작했다. 자신이 지나온 시간, 앞으로 남은 시간, 그리고 지금 흐르고 있는 시간에 대하여 써내려 갔다.

폴의 글은 〈뉴욕 타임즈〉에 실렸다. 제목은 「내게 남은 시간은 얼마인가?(How long have I got left?)」[14]. 자신의 암 투병 이야기를 솔직하고 담담하게 써내려간 이 에세이는 커다란 반향을 불러일으켰다.

폴은 자신의 이야기가 삶의 유한성과 존재의 죽음을 이해하고 직시하는 데 도움이 되기를 바랐다. 죽음을 선정적으로 미화하거나 혹은 오늘을 맘껏 즐기라고 충고하는 게 아니라, 그저 자기 앞길에 있는 것을 그대로 보여 주고자 했다.[15] 그래서일까. 그의 글은 담담하기 이를 데 없다.

복귀 후 7개월이 흘렀다. 모든 것이 괜찮았다. 이렇게만 가면 몇 년이고 살 수 있었다. 레지던트 과정은 순조롭게 끝나가고 있었으며, 아주 좋은 조건을 제시해 온 대학에 면접도 보았다. 마음에 두었던 스탠퍼드 대학의 자리는 다른 사람에게 돌아간 뒤였지만, 괜찮았다. 모든 것이.

2014년 4월, 드디어 레지던트 수료일이 다가왔다. 내일이면 7년에 걸친 레지던트 생활이 끝난다. 마지막 날인 내일도 수술이 잡혀 있었다. 저녁 8시, 일과를 마친 폴은 내일 할 수술을 점검했다.

자리에서 일어나기 전, 자신의 CT 검사 결과를 화면에 띄웠다. 레지던트 수료를 앞두고 최종적으로 해 본 CT 검사였다. 이번에도 별문제 없을 것이고 그럼 나는 계속 앞으로 나아가면 되는 거야, 폴은 생각했다. 화면을 휙휙 넘겼다. 다 괜찮아 보였다. 그런데 잠깐, 잠깐만.

화면을 되돌렸다. 뭔가가 있었다.

아, 새 종양이었다. 커다란.

올 것이 왔다. 그러나 좀 빨랐다.

이튿날 금요일. 평소처럼 오전 일과를 마치고, 이어서 레지던트로서 마지막 수술을 했다. 깔끔하고 훌륭하게 잘 마쳤다.

폴은 주섬주섬 짐을 챙겨 차에 싣고 시동을 걸었다. 눈물이 주르륵 흘렀다. 7년의 레지던트 생활이 끝났다. 그의 의사로서의 미래도 끝났다. 그리고 어쩌면 그의 삶 자체가 끝나 가고 있었다.

월요일. 담당 의사를 만난 폴은 병원에 사표를 내겠다고 했다. 담당 의사는 이것이 끝은 아니라고 했다. 그렇다. 폴도 환자들에게 그렇게 말하곤 했다. 끝은 아니라고.[16]

심연 앞에서

약물치료는 더 이상 듣지 않았다. 화학요법 즉 항암주사 치료를 시작했으나 극심한 구토, 설사, 뒤이은 혈청 나트륨 수치 과다 상승으로 중환자실에서 일주일을 지냈다. 폴의 몸무게는 40파운드 넘게 줄어서 이제 열서너 살 소년의 몸무게밖에 되지 않았다. 머리카락은 거의 다 빠졌으며, 고개 가눌 힘조차 없었다. 책 읽기는 엄두도 내지 못했다.

담당 의사는 화학요법 중단을 결정했다. 폴의 몸이 견디지 못할 거라는 판단이었다. 이젠 무엇을 할 수 있을까. 의사는 아마 방법을 찾을 것이다. 하지만 폴은 알고 있었다. 가능성이 별로 없다는 것을. 그는 심연 앞에 서 있었다. 속이 들여다보이지 않는 깊고 깊은 심연이었다. 그때였다. 루시가 진통이 와서 병원으로 가고 있다는 전화가 걸려 왔다. 폴은 분만실로 향했다.

죽음에 바싹 다가선 그에게 찾아온 새 생명의 소식이었다.

2014년 7월 4일 새벽, 아기가 태어났다. 엄마의 밝은 피부와 아버지의 짙은 머리색을 닮은 여자아이였다. 폴은 아기를 안았다. 순간, 그는 삶을 느꼈다.

딸 케이디는 무럭무럭 자랐다. 처음으로 웃고, 처음으로 옹알이를 하고, 처음으로 고개를 가누고, 처음으로 몸을 뒤집고, 처음으로 이유식을 먹고, 처음으로 혼자 앉았으며, 처음으로 두 발로 섰다.

폴은 글쓰기에 남은 힘을 다하고 있었다. 노트북을 늘 곁에 두고서 할 수 있을 때까지 쓰고 또 썼다. 항암제로 인해 손끝이 온통 갈라져서 자판을 누르기 어렵게 되었을 때는 장갑을 끼고 계속했으며, 견딜 수 없는 피로감 속에서도 멈추지 않았다. 글이 그를 계속 나아가게 하고 있었다. 나아가려면 그것이 필요했다. 글을 쓸 수 있을 만큼의 명료한 정신을 끝까지 유지하는 것이 폴의 새로운 목표였다.

폴은 '시간'을 느끼고 있었다. 시간은 모든 사람에게 동일한 것일까? 정신없이 바삐 움직이는 사람의 시간과 천천히 느리게 사는 사람의 시간이 같을까? 아닌 것 같았다. 폴은 하루가 매우 짧다고 느꼈다. 그러다 어느 순간부터는 시간이 멎은 듯했다. 어제, 오늘, 내일이 구분되지 않고 월요일과 화요일이 구분되지 않았다. 현재와 미래도 구분되지 않았다. 미래란 대관절 무언가. 나는 '과거완료'에 살고 있는 것 아닐까.¹⁷ 모든 인간은 결국 '과거완료'에 도달하는 거 아닌가. 폴은 자문했다.

폴에게 남은 시간은 현재뿐이었다. 현재의 계속. 그것이 곧 미래였다. 이 현재가 언제까지 계속될 수 있을까. 케이디 곁에 있을 수 있는 현재가 조금 더 계속될 수 있다면.

2015년 2월 폴이 쓴 글의 일부가 〈스탠퍼드 메디슨(Stanford Medicine)〉에 실렸다. 제목은 「가기 전에(Before I Go)」.¹⁸ 그의 마지막 글이었다.

그 직후, 폴의 상태는 급격히 나빠졌다. 화학요법 실패 후 새로 시도한 치료제도 실패했다. 암은 이제 뇌에까지 퍼져 그의 신경을 망가뜨리고 있었다. 명료한 정신을 끝까지 유지하는 것을 목표로 삼고 있던 폴에게 그건 충격적인 소식이었다.

의사는 폴에게 시를 낭송하는 영상을 찍어 보내라고 했다. 뇌의 상태를 보려는 것이었다. 폴은 좋아하는 시를 멋지게 낭송했다. T.S. 엘리엇의 「황무지」였다.

4월은 잔인한 달

죽은 대지에서 라일락을 피우고

추억과 욕망을 뒤섞으며

봄비로 잠자는 뿌리를 깨운다¹⁹

2015년 3월 8일 저녁, 심한 호흡곤란을 일으킨 폴은 응급실을 거쳐 중환자실로 갔다. 악화된 암이 그의 호흡을 방해하고 있었다. 호흡을 도와주는 장치인 바이팝을 달았지만 임시방편일 뿐이었다. 남은 방법은 목에 관을 넣어 인공호흡을 시키는 것이었다. 하지만 폴은 자신의 상태를 잘 알고 있었다. 삽관 후, 상태가 호전되지 않을 경우 그 끝이 어디인지도 알고 있었다. 의식 없이, 생도 사도 아닌 채 그저 누워 있는 환자들을 그는 무수히 보아 왔다.

담당 의사의 의견, 가족들과의 대화, 그리고 깊은 생각 끝에 폴은 삽관하지 않겠다는 결정을 내렸다. 연명 치료를 거부하고 안락 치료(comfort care)를 선택했다.

다음 날 3월 9일. 온 가족이 모였다. 폴은 부모님과 아내 루시에게 작별 인사를 했다. 감사와 사랑이 넘치는 인사였다. 그리고 자기 글을 꼭 세상에 내달라고 했다. 케이디가 아빠와 마지막 인사를 나누었다. 이윽고 폴이 조용하고 부드럽게 말했다.

"이제 되었어."[20]

낮 12시를 향하고 있었다. 바이팝을 뗐다. 모니터도 꺼졌다. 모르핀이 관을 타고 흘러들어 가고 있었다. 폴의 의식은 서서히 잠들어 갔다. 명료하기를 그토록 소망했던 의식이. 그러나 호흡은 규칙적으로 계속되었다. 편안한 얼굴이었다.

하루가 소리 없이 저물어 갔다. 언제나 그랬듯이 태양은 지평선 아래로 자취를 감추었다. 케이디가 잘 시간이었다. 루시는 케이디와 폴 두 사람에게 늘 부르던 자장가를 불러 주었다.

밤. 폴의 호흡이 불규칙해졌다. 표정은 여전히 부드럽고 편안했다. 시곗바늘이 9시로 다가갈 무렵, 폴은 마지막 숨을 들이마셨다. 그리고 깊이 내쉬었다.

폴 칼라니티는 2015년 3월 9일 38세로 세상을 떠났다. 암 진단 후 22개월 만이었다. 딸 케이디의 나이는 8개월이었다.

1년 뒤, 폴이 생의 마지막 순간까지 혼신의 힘을 다해 쓴 글이 책이 되어 세상에 나왔다. 제목은 '숨결이 바람 될 때(When Breath Becomes Air)'[21]. 영국 시인 그레빌의 시에서 따온 제목이었다.

진수옥, 마흔일곱에 맞은
생의 기로

'저렇게 빛나는 5월이 내게도 다시 올까.'

휴게소 벤치에 앉은 진수옥은 나들이 나온 한 가족을 물끄러미 바라보았다. 아이들이 쉴 새 없이 재잘거리고 엄마 아빠는 그 모습을 지켜보며 환히 웃고 있었다. 햇살 찬란한 5월 오후였다.

진수옥은 방금 창자가 뒤집히는 것 같은 심한 구토를 한바탕 하고 난 뒤였다. 자동차 시트며 옷이며 엉망이 되어서 마침 마주친 휴게소에 들어온 참이었다. 남편이 토사물을 치우는 동안 수옥은 벤치에 앉아 눈물범벅이 된 얼굴을 휴지로 닦았다.

문득 눈앞에 보이는 세상이 마치 유리 너머 저편의 것만 같았다. 저편에서 세상은 무심하게 흘러가고 있었다. 아무 일 없다는 듯이.

"…… 세상은 나와 상관없이 살아 움직이고, 나는 이쪽에서 그림 속에 그려진 듯 눈꺼풀 하나 움직이기 귀찮았다. 산다는 게 아무런 의미가 없어 보였다. 아, 죽음이 이런 느낌일까."[22]

항암주사 3일째였다. 이틀까지는 괜찮았는데 오늘 집에 돌아가는 길은 힘들기만 했다. 말로만 듣던 항암주사를 맞으러 처음 주사실에 들어간 날, 진수옥은 깊은 충격을 받았다. 환자들 얼굴에 아무 표정이 없었다. 살아 있는 사람 같지 않다고 수옥은 생각했다.

"얼마나 아프길래 아무런 표정이 없을까. 차라리 아프다는 소리라도 지른다면 살아 있다는 느낌이 들 텐데, …… 고통의 표정보다 더한 표정이 있을 수 있다는 걸 그때 알았다."[23]

고통의 표정보다 더한 표정. 수옥의 생각에 그건 죽음의 표정이었다.

항암주사는 한 달에 3일씩 총 6회, 그러니까 6개월에 걸쳐 맞아야 했다. 세상은 생기로 가득 차 있는데, 그 안에서 수옥은 죽음 근처를 가고 있었다.

"…… 더 이상은 바닥이 없는 줄 알았는데, 바닥이라고 생각한 것보다 더 아래로도 내려갔다. 차마 가기 싫었던 죽음의 근처에도 가 보았다. 그곳은 아무 감각이, 느낌이 없는 곳. 웃음도 울음도 없는 곳. 그저 아무 일도 일어나지 않는 곳 같았다. 죽음 근처를 가고 있는데 세상은 기가 막히게 푸르고 아름다웠다."[24]

2005년 8월, 진수옥은 암 수술을 받았다. 피부암 중에서도 악명 높다는 악성 흑색종이었다.

종양의 위치가 하필 동맥이 지나는 곳이라 매우 어려운 수술이었다. 그녀의 나이 마흔일곱.

암이 끈질기고 긴 병이라는 것을 수옥은 처음엔 알지 못했다. 수술은 치료의 끝이 아니라 오히려 시작이었다. 퇴원 후에도 정기적으로 피검사, 엑스레이, CT 검사를 해야 하고 인터페론 주사를 맞아야 했으며, 이젠 항암제 차례였다.

암 병동 대기실에서 마주치는 환자들 가운데 가장 부러운 사람은 재발의 고비라는 5년을 무사히 넘긴 환자였다. 군대도 2년이면 제대인데 5년이라니, 너무 길고 멀다고 수옥은 생각했다. 나도 5년을 무사히 넘길 수 있을까. 5년 뒤에는 실컷 여행 다니고 먹고 싶은 거 다 먹고 그러면서 살게 될까. 노을 지는 바닷가에서 와인 한 잔 마시며 옛말 하듯 병에 대해 얘기하게 될까. 언제 재발할지 모른다는 걱정 따위 벗어던지고 오롯이 즐거운 마음으로 하루를 보낼 수 있게 될까. 아니아니, 다 그만두고 하나뿐인 아들 대학 졸업식에 갈 수 있을까. 2년 뒤에 졸업인데.

수옥의 머릿속에서는 수많은 생각들이 쓰였다 지워지기를 반복하고 있었다. 그리고 속삭이듯 맴도는 말. 얼마일까, 내게 남은 시간은.

반성 모드

암 진단을 받고 가장 먼저 든 생각은 "내가 무엇을 잘못해서 병에 걸렸을까"였다고 수옥은 말한다. 암 선고를 받으면 사람들은 대개 맨 먼저 분노를 느낀다는데 자신은 분노는 전혀 없고 반성만 떠올랐다고 했다. 그녀는 스스로를 가리켜 '반성 모드의 사람'이라 했다.[25] 무슨 일만 생기면 내가 뭘 잘못했을까, 왜 잘못했을까 자신을 나무라고, 남한텐 너그러우면서도 자기 자신을 인정하는 데는 인색하기만 했다.

그녀의 성격을 짐작케 해 주는 에피소드 하나.

수술 후 어느 날, 의사가 물었다.

"잘하는 게 뭐예요?"

당황한 수옥은 되물었다.

"잘하는 거요?"

"네, 본인이 잘하는 거, 잘난 점을 말해 보라는 거예요."

"글쎄요……."

수옥은 더듬거렸다. 아무 생각도 나지 않았다.

"음…… 요리를 빨리해요."

기껏 생각해 낸 게 요리를 '빨리' 하는 거라니. 그것도 '잘'이 아니라 '빨리'라고. 수옥은 속으로 쓴웃음을 웃었다.

"또요?"

"……."

의사는 과제를 내주었다.

"하루 한 가지씩 자신의 잘난 점을 생각해 보세요."[26]

사실 그녀는 잘하는 게 매우 많았다. 10년 넘게 연마한 서예는 각종 대회에서 수차례 입상한 바 있으며, 사진은 특별히 배운 적도 없건만 그 시선과 착목점이 남달랐고, 국립중앙박물관회 계간지『박물관 사람들』편집회원이자 기고자로서 매 회 글을 쓰고 있었다. 도자기 만들기와 그림에 뛰어난 솜씨를 보였으며, 그녀가 갖다 놓으면 길바닥을 구르던 나뭇가지도 멋진 예술품으로 변하곤 했다. 욕심 없고 늘 한결같은 그녀에게 친구들은 노자, 장자, 다음에 '진자'라는 별명을 붙여 주었다. 뿐만 아니라 외모도 괜찮아서 이목구비 뚜렷한 얼굴에 호리호리하고 키가 컸다. 그녀가 MBC 방송의 몇 안 되는 여성 기자 중 한 사람이었으며, 영문학도였다는 사실까지 말하지 않아도 그녀가 잘하는 것은 아주 많았다.

전력 질주하다
문득 멈춰 선 사람처럼

진수옥은 1958년 경기도 안성에서 3남매 중 맏이로 태어났다. 밑으로 남동생이 둘 있었다. 그녀는 속 깊고 말썽 한번 부리지 않는 아이였다. 그 흔한 사춘기도 없이 청소년기를 보냈다고 그녀는 말한다.

1977년 이화여대 영문과에 입학한 진수옥은 학보사 기자가 되어 1970년대 말의 격변기를 보냈다. 한국 현대사의 가장 중요한 전환점 중 하나인 1979년의 10·26사건과 전두환이 이끄는 신군부의 12·12쿠데타, 그리고 1980년 5월 광주민주화운동이 그녀가 대학 3, 4학년 때 일어났다. 그 시간을 살았던 사람들에게 이 일들은 어떤 의미로든 큰 영향을 미쳤으며, 진수옥도 예외가 아니었다.

졸업 후 1981년 봄, 진수옥은 MBC 방송의 기자 공채 시험에 응시하여 합격했다. 신군부의 언론 통폐합 조치로 신문, 방송이 대대적인 변화를 맞은 직후였다.

당시는 신문사에서는 여성 기자를 간혹 뽑았지만 방송사는 그렇지 않던 시절이었다. 기자는 남자가 하는 일이라는 생각이 팽배해 있었다. 그런데 그해 MBC에서는 여성 기자를 채용했다. 바꿔 말하면 기자 공채에서 성별을 가리지 않았다는 뜻이다. 지금이야 지극히 당연한 일이지만 당시로선 특별한 일이었다. 최종 합격자 8명 중 3명이 여자였으며, 그중 하나가 진수옥이었다. 훗날 iMBC 대표를 지냈고, 진수옥과 절친이 된 홍은주도 이때 함께 합격했다.[27]

치열하고 고된 수습기간을 마친 진수옥은 영문과 출신이라는 점이 고려된 것일까, 외신부에 배치되었다. 1980년대 초는 한국 관련 외신 보도가 대폭 늘어나고 국제 뉴스의 중요도가 날로 커지던 시기였다. 국제 사회의 한국에 대한 관심이 높아지기 시작한 한편, 쿠데타로 집권한 전두환 정부 역시 미국과 서방세계에 대해 촉각을 세우고 있었다.[28]

당시 외신부 기자는 일주일에 한 번씩 당직을 섰다. 새로 들어오는 외신을 신속하게 보도하기 위해서는 새벽 3시에 일어나 갓 들어온 외신들을 체크해야 했다. 전날 밤 12시 넘어 일이 끝났는데 말이다. 등 펴고 누울 곳도 마땅치 않아서 그냥 일하던 의자에 앉은 채로 잠깐 눈을 붙이곤 했다.

그녀는 '유능한 기자'였다고 입사동기이자 친구인 홍은주는 말한다.[29] 하지만 정작 진수옥 자신은 기자 생활이 그리 행복하지 않았던 것 같다. 마음속에서 회의가 일고 있었다. 이것이 과연 내게 맞는 길인가. 게다가 당시는 여자는 결혼하면 직장을 그만두는 게 당연하게 여겨지던 때였으며, 방송사라 해서 별반 다르지 않았다. 진수옥은 입사 이듬해인 1982년 11월, 결혼했다. 그때 나이 24살.

아이가 태어나고 얼마 뒤, 결국 진수옥은 사표를 냈다. 남들이 부러워하는 방송사, 합격하기가 하늘에 별 따기처럼 어렵기로 소문난 기자 일이었지만 그녀에게 맞는 옷은 아니었다. 그녀는 보다 성찰적인 삶을 원했던 것 같다. 퇴사 후, 그녀는 이화여대 대학원 영문학과에 진학하여 1985년 11월 석사학위를 받았으며, 몇 군데 대학에서 강의를 했다.

하지만 영문학 공부를 계속하는 데는 난관이 적지 않았다. 유학을 가려 해도 걸리는 점이 많았다. 아이는 아직 어렸고, 물리학자인 남편은 교수로서 이미 안정된 직장을 갖고 있었다. 무엇보다, 그 무렵 진수옥의 관심이 영문학으로부터 동양 고전과 한국의 전통문화로 옮겨 가고 있었다.

그녀의 삶은 다른 방향으로 흐르기 시작했다. 커가는 아이와 일로 분주한 남편 사이에서 어떻게 지나갔는지도 모르게

30대를 훌쩍 보내고 40대 중반이 되었다. 수옥은 전력 질주하다 문득 멈춰 선 사람처럼 숨을 돌리고 주위를 돌아보았다. 지금 나는 어디에 있는 것일까. 갑자기 느려진 세상이 낯설기도 하고, 찾아온 여유가 반갑기도 했다. 그런데 그때 암이 다가왔다.

그건 사는 게
아니야

암은 모든 것을 바꿔 놓을 정도로 강력했다. 마치 여러 겹 덧붙여져 있던 삶의 껍질이 한번에 벗겨져 나가는 것 같았다고 수옥은 말한다.[30] 오랫동안 간직해 온 습관, 사고방식에 균열이 생기고 미래는 불확실성으로 가득 찼다. 모든 것이 흔들리고 있었다.

수술 4개월째인 겨울, 그녀는 집 뒤에 있는 야트막한 산에 올랐다. 눈 온 아침, 혼자 오른 산은 정말 아름다웠다. 순간 수옥은 뭐라 말할 수 없는 행복감을 느꼈다.

"살아 있다는 것이 이렇게 행복하다고 느낀 적이 있었을까? 눈길을 걸으면서 저절로 웃음이 막 나왔다. 즐거운 웃음이. 혼자 있으면서 길을 걸으면서 그렇게 행복했던 적은 처음

이다."³¹

살아 있다는 사실 자체가 '그냥' 행복했다. 삶이란 지극히 평범하고 단순한 것을 왜 그리 어렵게, 특별한 것을 찾아다녔을까 싶었다.

"삶이란 이렇게 간단하고 쉬운 건데. 기쁘면 크게 히죽 웃고, 슬프면 엎드려 울고, 그리고 그냥 몸 하나를 가진 남자와 여자로 만나서 서로 부둥켜안고 사랑하는 건데. 온몸으로 삶을 살아가면 되는 건데. 비가 오면 비를 맞고 바람이 불면 바람을 안으면서 들판의 꽃도 보고 가끔 밤하늘의 별도 헤아리면서."³²

그녀는 자신에게 물었다.

"살면서 얼마나 솔직했을까?"³³

살아 있는 모든 것이 귀하고 가치 있고 의미 있게 다가왔다. 예전엔 눈에 들어오지도 않던 이름 모를 들꽃, 땅에 닿을 듯 키 작은 풀잎, 금방 떨어져 버릴 것 같은 쭈글쭈글한 열매…… 그 모든 것들이 그저 살아 있다는 사실만으로 소중하게 느껴졌다.

"어느 꽃 어느 열매가 귀하지 않을까. …… 작은 것들이 꼬물거리는 걸 보고 있으면 웃음이 나면서 눈물이 고인다. 너무 예뻐서."³⁴

자신 안에 남은 생기 또한 그렇게 가늘고 여리게 숨을 이어

가고 있을 것만 같았다. 여리고 가는 그 생명이 애처롭고 일견 대견하여 '잘 살아라 꼭' 하고 중얼거리며 눈을 맞추고 싶었다.

수옥은 자신이 무얼 원하는지 묻기 시작했다. 여느 주부들과 마찬가지로 그녀도 매사 자식이 좋아하는 것, 남편한테 편한 것 우선으로 살았다. 자기가 좋아하는 것, 자기한테 편한 건 언제나 후순위로 밀어 놓았다. 그러다 보니 이젠 내가 뭘 원하는지 아예 생각 안 나고 모르게 되어 버렸으며, 기껏 원하는 것을 생각해 낸다 해도 금세 이유 없이 미안해지고, 해도 될까 잔뜩 움츠러들기 일쑤였다.

"옷도 먹을 것도 몇 년 전부터 겨우 내가 편한 것을 샀다. 내가 원하는 것이 무엇인지 아직도 잘 모른다. 내 몸에 내 가슴에 물어보아도 잘 모른다. 오랫동안 내 몸은 가슴은 무엇을 원하는지 몰랐으니 지금도 원하는 걸 하는 데 두려워한다. 아프고 나서야 아주 조금씩 원하는 걸 물어보았다. 아주 작은 소리로 말하는 가슴. 밖의 작은 소리에도 천둥소리인 양 놀라고 겁먹는다."[35]

사는 건 언제나 힘들고 고된 일이라고 생각했다. 의무와 책임만 가득했다. 그런데 아프고 나니 도대체 왜 그리 살았나 싶었다. 살아 있다는 건 그 자체로 기쁘고 즐거운 것인데. 의무와 책임 말고 다른 것도 많을 텐데.

세상이, 남이 원하는 나가 되려고 무척 애를 썼다. 부모님이 원하는 나, 가족이 원하는 나, 세상이 원하는 나에 부합하려고 열심히 노력했다. 하고 싶은 것이 아니라 해야 하는 것, 언제나 그쪽을 선택했다. 이젠 기죽지 말고 기 펴고 살자. 치솟는 감정 억누르고 참는 거 그만하고, 점잖은 거 차분한 거 그만하고 드러내며 살자. 간직하는 거 속 깊은 거 그만하자. 기쁘면 깔깔 웃고 슬프면 엉엉 울고, 화나면 불같이 화도 내고 그러자. 남의 기준이 아니라 나의 기준에 따라 사는 나, 내가 원하는 나로 살자.

"오버하는 거 좋다. 살아 있다는 표시라서. 이제 오버하고 살아야지. 드러내고 표현하고 보여 주고 그렇게."[36]

진수옥은 일기에 이렇게 썼다.

"생명 그 자체가 잘못인 거는 없다. 죄책감이나 자기비하, 자기검열을 통해서만 살 수는 없다. 그건 사는 게 아니야."[37]

생명은 살아 있어 아름다운 것이지 특별하거나 고고해서 아름다운 게 아니었다.

기적은 하늘을 날거나

물 위를 걷는 것이 아니라

하루를 사는 것

그동안 꿈은 곧 걱정이었다. 뭔가를 소망하는 것이 아니라 걱정하는 것이었다. 꿈이 사라진 지 오래였다. 마흔 살 무렵이었던 것 같다. 뭔가가 되고 싶다는 꿈을 접은 것이. 자신이 무엇을 원했었는지도 잘 기억나지 않았다.

"도대체 어떻게 꿈이 없이 살았을까. 도대체 내가 바란 게 무엇이었나."[38]

그녀는 스스로에게 물었다.

"내 인생에서 기뻤던 때는 언제였을까."[39]

다시 시작할 수 있을까. 꿈을 가질 수 있을까. 그런데 어디서, 무엇부터 해야 하나. 마음 한구석에서 불퉁거리는 소리가 들렸다. 다 무슨 소용이야, 이제 와서.

수옥은 하루 한 가지씩 좋아하는 일을 하기로 했다. 산책, 독서, 좋아하는 사람들 만나기, 즐거운 대화, 행복한 상상, 그리고 자신을 예쁘게 가꾸기. 나를 가꾸지 않은 지 정말 오래되었다. 부질없어, 소용없어 하지 말고 한 가지씩 해 보기. 시작은 언제나 하나에서 출발하지 않던가.

멈춘 곳에서 시작하면 될 것 같았다. 지난 시간을 되돌릴 순 없으니 그만둔 지점에서 다시 시작하면 되지 않을까. 현재가 바뀌면 과거도 바뀐다고 했다. 과거를 보는 나의 눈이 바뀐다는 뜻일 것이다. 과거에는 그동안 내가 미처 보지 못한 것, 내 눈에 띄지 않았던 것들이 아주 많이 숨어 있지 않을까. 그것들을 그늘에서 꺼내 볕을 쪼여 주면, 과거는 전혀 다른 새로운 모습으로 내게 다가오지 않을까. 과거를 다시 쓸 수 있다는 말은 그런 뜻이 아닐까.

아프기 전에는 의미 있는 삶이 따로 있다고 생각했다. 뭔가 거창한 것, 특별한 것이 있어야 하는 줄 알았다. 내놓을 것, 인정받을 것이 있어야 의미 있는 인생인 줄 알았다. 그래서 가끔은 의기소침했고 부끄럽기도 했다.

그런데 아프고 보니 그게 아니었다. 가장 평범하고 일상적인 것이 인생의 가장 소중한 것이었다. 먹고 자고 만나고 얘기하고 웃고 울고 지지고 볶는, 너무 평범해서 때론 지루한 평범성이 실은 가장 특별하고 의미 있는 것들이었다.

일상을 잃어 본 사람은 안다. 아침에 일어나 밤에 잠들고, 밥 먹고 설거지하고 일하고 차 마시는 일상을 할 수 있다는 것이 얼마나 대단한 일인지. 기적은 하늘을 날거나 물 위를 걷는 것이 아니라 하루를 사는 것이었다. 수옥은 암에 걸리고 나서 삶을 다시 보게 되었다.

"아름답기만 한 인생, 대단하기만 한 인생, 보잘것없기만

한 인생 그런 건 없다. 다 여러 가지를 갖추고 있는 것이 인생이고, 그 가운데 한 가지씩 상황에 따라 드러나는 것이 우리의 모습이라고 여긴다. 나도 거기서 예외일 수는 없다."[40]

엄마가 해 주는
따끈한 밥

수옥은 하던 일을 계속하기로 했다. 암에 걸렸다고 모든 것이 중단되어야 하는 건 아니다. 그녀는 몇 년 전부터 국립중앙박물관의 강좌 프로그램인 '박물관 대학'에 다니면서 역사, 고전, 한문을 공부하는 한편, 국립중앙박물관회 계간지 『박물관 사람들』에 전통문화에 대한 글을 연재하고 있었다. 마음 한 켠에 간직되어 있던 동양 고전과 한국의 전통문화에 대한 관심이 되살아나고 관련 지식이 쌓이면서 생각도 즐거움도 깊어져 가던 참이었다.

박물관 대학은 '잃어버린 자신을 찾는' 시간이었다. 학창 시절, 역사는 제도, 연도, 왕 이름으로 가득 찬 암기과목이었다. 거기에 사람은 보이지 않았으며 나 자신과의 연관성도 전혀 찾을 수 없었다. 그런데 박물관 대학에 다니면서 수옥은 역사 속에서 '나처럼 숨 쉬고 살아 있는 사람들의 체취'[41]를 발견하기 시작했다. 다르면 다른 대로, 비슷하면 비슷한 대로 부딪치고 넘어지고 웃고 울고 애쓰는 사람들의 모습이 포착되었다. 그 속에 자신의 모습도 있었다. 그러자 역사는 '나를 찾는 시간'이 되었다. 박물관 가는 날을 그녀는 손꼽아 기다렸다.

계간지 『박물관 사람들』에서는 신라의 범종, 토우부터 고려 묘지명, 조선의 자기, 민화에 이르기까지 한국의 문화유산들을 총 18회에 걸쳐 두루 다루었다. 글을 쓰기 위해 자료를 찾아 읽고, 답사를 하고 사진 찍고 생각을 다듬는 시간이 그녀는 더없이 행복했다. 살아 있는 것 같았다. 『박물관 사람들』은 지금도 발간되고 있으며, 국립중앙박물관 도서관에는 그녀의 글이 실린 『박물관 사람들』이 소장되어 있다.

그리고 그녀는 일기를 쓰고 있었다. 딱히 일기장이라 할 것도 없이 아이가 쓰다 남긴 노트, 집 안을 굴러다니는 주인 없는 연습장 따위가 그녀의 일기장이 되었다.

그렇게 수술 후 2년이 흘렀다.

이런 상태라면 몇 년이고 살 수 있겠다 싶었다. 그런데 2007년 여름, 갑자기 몸 상태가 나빠졌다. 좀 괜찮아졌다고 천년만년 살 것처럼 무리하게 군 걸까. 거대한 파도가 몰려온 것 같았다. 수옥은 좌초하지 않으려고 안간힘을 썼다. 이번엔 내가 뭘 잘못했나 자책하지 않으려고 했다. 아픈 나, 슬픈 나, 우울한 나도 다 나니까 내가 나를 부끄러워하지 말자고 다짐

했다.

"······ 어려운 거 싫은 거 불쌍한 거도 다 있어야 인생이다. 나에게 더 이상 칼을 들이대지 말자. 따뜻한 위로의 손길을 건네 보자."[42]

"슬픈 나, 우울한 나도 나다. 그런 게 다 모여서 나야, 그렇지? 내가 나를 부끄러워하지 않는다. ······ 늘 같이하자. 행복한 나, 즐거운 나, 기쁜 나도 다 같이. 오래오래."[43]

그렇지만 할 수만 있다면 피하고 싶은 마음도 간절했다.

"내가 견딜 만큼만 시련이 주어지면 참 좋겠다."[44]

이 무렵부터 수옥은 일기에 돌아가신 엄마에게 보내는 편지를 쓰기 시작했다. 부모를 일찍 여읜 그녀에게 지금 절실히 그리운 것은 엄마의 손길이었다. 아픈 나에게 주는 엄마의 무조건, 무한정의 온기가 몹시도 간절했다. 나무라지 않고 이래라저래라 하지도 않고 그저 곁에 함께 있어 주는 사람, 비판도 충고도 말고 그냥 위로를 주는 사람이 사무치게 그리웠다. 그리고 엄마가 해 주는 따끈한 밥.

"엄마, ······ 참 힘들었어요. 정말 어떻게 버텼는지 모르겠어요. 눈물 속에서 땀범벅이 되어 기어 나온 느낌이에요."[45]

눈물과 땀범벅이 되어 그녀는 고비를 넘었다.

아들의 대학 졸업식에도 참석했다. 시부모님을 비롯하여 가족, 아들 친구들이 모인 졸업식에서 가장 신나고 행복해한 사람은 그녀였다.

　내 안의

　보석 찾기

수옥은 암에 걸린 뒤 자신이 겪은 일련의 변화들을 '나를 알아
가는 여행'⁴⁶이라고 이름 붙였다. 자신의 마음을 들여다보는
여행이었다. 아프면서 오히려 수옥은 삶을 문자 그대로 '진하
게' 느끼며 살고 있었다.

　암을 앓기 전과 후의 자신은 전혀 다른 사람이라고 그녀는
말한다. 삶에 대해 지난 평생 동안 알았던 것보다 훨씬 많은
것을 깨닫게 된 그 시간들이야말로 자신이 '진정으로 살았던
기간'이라고 했다.⁴⁷ 그런 의미에서 암은 자신을 비춰 주고 바
뀌게 만들어 준 '거울 같은 존재'였다.⁴⁸

　그녀는 자신을 옥죄고 있던 마음의 족쇄들이 하나씩 풀려
나가는 것을 느끼고 있었다. 그동안은 늘 쫓기는 마음이었다.
해야 할 일과 수많은 걱정으로 머릿속이 언제나 분주했다. 몸
은 가만있어도 생각은 쉴 새 없이 이리 뛰고 저리 뛰었다. 마
치 고삐 풀린 망아지처럼.

　"지금 하는 일에 집중하면서 즐겁게 사는 것, 그것이 열쇠

였다. 지금에 열중하지 않으니까 늘 쫓기는 기분이었나 보다. 급하고 불만스럽고 불안하고 그랬다."[49]

미래는 오직 단 하나의 재료, '지금'으로 만들어진다고 했다. 현재가 없으면 미래도 없지 낳. 미래가 걱정될수록 현재에 집중해야지. 수옥은 현재 자신이 할 수 있는 일을 꼽아 보았다. 매일 산에 가기, 밥 잘 먹기, 청소, 도자기 만들기, 박물관 강의 듣기, 『박물관 사람들』 원고 쓰기, 가끔 전시회나 미술관 가기, 좋아하는 친구들 만나기, 동생들, 이모, 삼촌 만나기, 뜨개질과 오카리나 배우기, 사람들이 축하해 주는 생일 기쁘게 보내기…….

마음이 힘들 때면 밤마다 꾸는 꿈이 있었다. 화장실을 찾아 헤매는 꿈이었다. 밤새 미로를 달리다 간신히 찾은 화장실. 그런데 차마 들어갈 수 없을 만큼 더럽다. 절망하며 전전긍긍하다 깨곤 했다. 그런데 이젠 그런 꿈을 꾸지 않게 되었다. 밤새도록 미로를 숨 가쁘게 달리지도, 화장실을 찾지도 않았다.

아프고 보니 행복은 밖에서 오는 것이 아니었다. 부자가 되거나 지위가 높아지면 갖게 되는 것도 아니었다. 좋은 집, 사회적 성공이 행복과 동의어가 아니었다. 행복은 나 자신을 긍정하고 인정할 때 오는 것이었다. 수옥은 그것을 자기 안에 숨어 있는 보석을 캐내어 연마하는 것이라고 표현했다. '내 안의 보석 찾기'. 비록 보잘것없어 보일지라도 잘 닦아 자신만의 빛을 내는 것, 그래서 저절로 드러나는 것이 행복이었다. 게다가 행복은 주위까지 밝게 비추지 않나. 행복한 사람은 다른 사람을 불행에 빠뜨리지 않는다. 그녀는 스스로에게 말했다.

"세상에 초라한 사람은 없어. 초라하게 여기는 사람만 있을 뿐이지."[50]

아픈 몸과 달리 수옥의 마음은 평안과 자유로움을 느끼고 있었다. 자신을 포함하여 사람에 대한 이해와 사랑이 커져 가고 있었다. 몸은 죽음 가까이 있을지 모르나 외려 삶에 대한 환희와 희망이 자라고 있었다. 그녀는 환희의 송가를 불렀다. '살아 있음'에 대한 예찬과 감사.

"가슴엔 삶의 환희가 가득하고 등엔 자유의 날개를 달고 내가 산다."[51]

수옥은 엄마에게 편지를 썼다.

"엄마, 저 이제 제가 행복한 길로 갈게요. 사회적 성공은 이루지 못했으나 저에겐 또 다른 길이 있을 거예요. 그리고 태어나서 이 세상에 아직 살아 있다는 게 전 기뻐요. …… 엄마 아직도 제 삶이 부끄럽기도 해요. 뭐 하나 내세울 게 없어서. 그래도 엄마 저는 감성을 예민하게 느낄 수 있는 제 자신이 좋아요. 느끼고 표현하는 순간 살아 있다는 실감이 들어요. 그리고 행복해요."[52]

세상에 보잘것없는
정원은 없다

수술 4년차.

　비록 굴곡은 있지만 수옥은 그런대로 일상생활이 가능한 상태를 유지하고 있었다. 그녀는 새롭게 시작한 도자기 만드는 일에 마음을 쏟았다. 우연히 알게 된 집 근처 공방에 다니며 도자기 만들기에 열중했다. 서예가 고도의 집중력과 체력을 요하는 반면, 도예는 그녀에게 지극한 이완과 평안을 안겨 주었다. 흙을 만지고 있으면 모든 근심 걱정이 멈추는 것 같았다. 마음의 존재까지 잊는 것 같았다. 마음이 있는지조차 모를 만큼 좋았다. 그녀는 꽃병이며 접시, 항아리를 정성껏 빚어 서예에서 익힌 솜씨로 그림을 그려 넣었다. 완성한 작품은 친구, 지인들에게 나눠 주었다.

　매일 산을 찾는 그녀는 언제부터인가 신발을 벗고 맨발로 땅을 느끼며 산을 오르고 있었다. 발에 닿는 땅의 온기와 흙의 부드러움이 그렇게 따스할 수 없었다. 생명을 품고 키워 내는 땅의 생명력이 자신의 몸에 퍼지는 것 같았다. 대지의 치유의 힘을 그녀는 느끼고 있었다. 벗은 건 신발 하나인데 마치 심신을 감고 있던 구속과 제약이 떨어져 나간 것처럼 자유로웠다.

　수옥은 암에 걸린 후 시작된 '나를 알아 가는 여행'의 끝자

락에 와 있었다. 그 여행에서 그녀는 값진 것을 얻었다. 스스로를 모질게 대하지 않는 넉넉함, 의무감이나 초조함으로부터의 해방, 이래야 한다는 당위로부터의 자유, 그리고 산다는 일에 대한 깨달음. 암에 걸린 후의 4년은 힘들긴 했지만 슬픔과 우울 일색의 어두운 시간만은 결코 아니었다.

그리고 마침내 꿈이 생겼다. 하고 싶은 일, 이루고 싶은 일이.

"멀리멀리 돌아왔지만, 드디어 하고 싶은 일이 생겼다는 것이 기쁩니다."[53]

그동안은 자신도 없고 잘못하면 어떡하나 걱정이 앞서곤 했는데 이젠 아니었다. 잘못하면 잘못하는 대로 부족하면 부족한 대로, 하고 싶고 그저 하는 것만으로 행복할 거 같은 일이 생겼다. 정원사였다. 하늘, 바람, 물, 공기, 햇볕, 그 모두가 어우러져 태어나는 생명의 꽃을 피우는 일을 그녀는 하고 싶었다. 언제나 그 문이 열려 있어 지치고 힘든 사람 누구나 와서 쉬어 갈 수 있는 그런 정원을 가꾸고 싶었다.

"세상에 보잘것없는 정원은 없답니다. 다만 보살피지 않은 정원이 있을 뿐이지요. 그래서 생명력을 잃어 가는 정원이 있을 뿐이지요. 이제 정원에 다시 생기가 돌고 있네요. 물이 나오고 새가 울고 꽃이 피고 나비가 찾아오는 정원. 달빛이 아름다운 정원. 야생 들판을 닮은 정원이 될 거예요. 힘들고 지칠 때면 와서 편히 쉬고 갈 수 있는 그런 정원을 만들고 싶군요. 그늘에 의자도 놓여 있는 그런 정원. 잘 계획된 정원이 아니라 서로 다른 꽃들이 잘 어울려 골고루 있는 그런 정원이요."[54]

수옥의 마음에는 희망과 생의 즐거움이 힘차게 솟구쳤다.

"물질적인 풍요함 앞에서 기죽지 않고 당당할 수 있는 자신감. 사회적 성공 앞에서 초라하지 않을 수 있는 자존감이 좀 부족했었어요. …… 나의 보잘것없는 정원을 보잘것없다고 소홀히 하지 않고 잘 돌보아야겠어요."[55]

새로운 시작이었다. 암이 있어도 사람은 사랑할 수 있고 웃을 수 있고 새로 시작할 수 있다. 그렇지만 자신을 다그치지 말고 야단치지 말고 편안한 마음으로 하자. 수옥은 뇌었다.

"느긋하게. 기쁘게. 평안하게."[56]

그렇게 자기 자신을 치유하고 나아가 다른 사람에게 도움이 되기를 소망했다. 그녀의 나이 이제 51살이었다.

"자, 이제 새로운 시작이다.

자, 한 발 한 발씩 걷는다.

즐겁게 편안하게."[57]

수옥은 엄마에게 편지를 썼다.

"…… 뒤늦었지만 제가 하고 싶고 기쁜 일 찾았으니 눈물을 거두고 즐겁게 살게요. 눈물이 다 거름이 돼서 꽃들을 피울 수 있기를 기도한답니다. 엄마 제가 정원을 잘 가꿀 테니 지켜봐 주세요. 그리고 언제라도 놀러 오시구요. 젊은 엄마로 아니 엄마 개인으로 오세요. …… 즐겁게 놀러 오세요."[58]

암은 두려움을
먹고 자란다

그런데 그때였다.

어깨와 팔에 심한 통증이 느껴졌다. 전에 없던 증상이었다. 지금까지는 암이라는 병이 무서워서 힘들었지 통증으로 힘들진 않았는데, 이젠 지독한 통증 때문에 잠을 제대로 잘 수 없었다. 몸에 기운이 다 빠져 장바구니 들기도 어려웠으며, 다리가 풀려서 몇 걸음 걷고는 앉아 쉬어야 했다. 수옥은 겁이 더럭 났다. 수술한 왼쪽 서혜부의 종양이 어깨까지 퍼진 걸까.

처음 암 진단 받았을 때보다 훨씬 더 두려웠다. 그동안 의사의 처방을 충실히 따르고 몸과 마음 잘 보듬어 가며 한껏 신경써서 생활해 왔는데, 할 수 있는 거, 하라는 거 다 했는데 악화되었다면 이제 어찌 해야 하나. 방법이 남아 있기는 한가. 이제 겨우 원하는 일도 생기고 행복해졌는데. 왜 하필 지금.

봄이 왔지만 수옥에겐 봄이 아닌 것 같았다. 수옥은 엄마에게 편지를 썼다. 편지라기보다 기도였다.

"엄마 저 괜찮을 거예요. 앞서의 파도처럼 이번 파도도 잘

이겨 나가게 해 주세요. 아니 이미 신경이 초조해지고 걱정이 되기 시작해요. 겁도 나고, 그래도 엄마 저 잘 견디게 해 주세요."[59]

한 달을 병원 다니며 정신없이 보낸 뒤, 수옥은 잠시 집을 떠나 있기로 했다. 스스로 식사 준비를 할 수 없는 몸 상태였기 때문에 하루 세 끼 누군가 해 주는 밥이 간절했다. 엄마의 밥상처럼 정갈하고 건강한 밥상이 그리웠다. 그녀는 암 환자를 위한 요양원에 들어가 열흘을 지냈으며, 그 후에는 충남 논산의 작은 비구니 사찰에 한동안 머물렀다.

암세포가 그녀의 몸을 좀먹어 들어가고 있었다. 그러나 수옥은 포기하지 않았다. 대신 그녀는 암과 싸우지 않겠다고 마음먹었다. 암을 극복하거나 물리쳐야 하는 상대가 아니라 같이 사는 상대로 생각하기로 했다. 암세포도 결국은 내 몸의 일부 아닌가. 인정하고 거부하지 말자. 운명이라면 그냥 받아들이자. 암과 화해하자. 그녀는 암세포에게 말했다.

"평생 나랑 같이 살자."[60]

암은 두려움을 먹고 자라는 것이었다. 재발의 두려움과 걱정을 먹고 암세포가 자라고 있었다.

"…… 병에 대해 두려워하지 않는 것. 그건 완쾌를 바라지 않는 것이다. 완쾌라는 말 속엔 병에서 하루속히 벗어나고 싶다는 간절한 소망도 있지만, 이 두려움을 빨리 벗어나고 싶다는 마음도 있다. 그런데 병을 두려워하지 않으면 완전히 벗어나고 싶다는 마음도 사라진다. 암세포도 다 내 몸의 일부인데 벗어나고 말고 할 것이 무엇인가."[61]

그러면서 자신의 몸에게 인사를 했다. 고맙고 수고했고 애썼다고.

"…… 50년을 살아줘서 고맙다고 애썼다고. 잘해 주지 못해서 미안하다고. 소중하게 예쁘게 해 주지 못해서 미안하다고. 그런데도 이처럼 잘 살아 줘서 정말 고맙다고."[62]

암세포에게도 인사했다. 암세포, 너도 내 몸의 일부인데 남보다도 못하게 대해서 미안하다. 그리고 고맙다. 덕분에 인생공부 잘한다. 덕분에 껍데기를 벗고 다른 삶을 찾았고, 덕분에 깊어지고 넓어지고 열린 사람이 되었다. 부탁하지도 않았는데 일부러 찾아와서 가르쳐 주었으니 고맙다. 하지만 간다고 하면 붙잡지는 않을게. 안 붙잡는다고 서운해하진 마라.

"이제는 암을 믿는다. 나의 일부임을 인정하고 덕분에 인생공부 잘한다고 진정 고마워한다. …… 내 오만과 고집을 깨뜨려 줘서 고맙다고. 나를 좀 더 열린 사람, 유연한 사람으로 만들어 줘서 고맙다고 말한다. 이제 싸움은 하지 않는다. 투병이니 병마니 하는 말들도 하지 않는다. 그저 병은 나를 더 성숙하게 하기 위해 찾아온 고마운 친구로 안다. 그래도 간다면 붙잡고 싶지는 않다. 이건 암도 이해하리라."[63]

그리고 자신에게 말했다.

"괜찮아 수옥아. 겁내지 말고 힘들어하지 말고 그저 몸에 고맙다고 하고 미안하다고 그래. 동물들도 다 알아듣는 말을 네 몸이 왜 모르겠니. 50년 동안 이렇게 멋있게 매력적으로 있어 줘서 정말 고마워. 이제 많이 아끼고 위해 줄게. …… 잘 살아 보자."⁶⁴

삶은 모든 그러함에도 불구하고
사는 것

"인생이 힘들 땐 암 병동에 가 보라고 말하고 싶다. 삶이란 모든 그러함에도 불구하고 사는 거라는 걸 알았다."⁶⁵

행복하기 어려운 상황에서도 행복을 찾는 것이 사는 길이라고 그녀는 생각했다. 수술 4년차인 2009년 봄, 암이 악화되었다는 것을 안 뒤 그녀는 투병기를 쓰기 시작했다. 자신과 같은 사람들에게 위로와 희망을 주고 싶어서였다. 뭔가 도움이 되고 싶었다. 제목은 '견디기'라고 붙였다.

"제가 겪은 일이 저랑 비슷한 처지에 있는 사람에게 희망이 되고 위로가 될 수 있다고 생각해요. 저보다 힘든 고비를 이겨 낸 사람을 보면 저절로 대단하다는 생각이 들어요. 그런 식의 위로를 저도 주고 싶어요."[66]

행복하기 어려운 가운데서도 행복 찾는 법을 구하기 때문일까, 그녀의 투병기는 우울하지 않다. 어둡지도 않다. 통증에 시달리는 사람이 쓴 거 맞나 싶게 따뜻함과 희망, 위트마저 넘친다. 투병기의 한 대목을 보자. 웃음과 동시에 코끝이 찡해 오는 대목이다. 암 환자를 위한 요양원에 들어갔을 때의 이야기다.

"요양원에는 남녀가 함께 먹고 자고 한다. 그런데도 스캔들이 없는 이유가 있다. 물론 첫째는 다들 자기 코가 석 자니 남신경 쓸 여유가 없다는 것, 하지만 숨겨진 이유는 바람이 불면 바람에 머리카락이라도 휘날리고 그래야 하는데 여자나 남자나 휘날릴 머리카락이 없다는 것이다.(오히려 바람이 불면 머리가 드러날까 봐 모자를 꼭 잡아야 한다.)"[67]

해가 바뀌었건만 수옥은 여전히 통증과 싸우고 있었다. 종양은 수술한 왼쪽 다리를 넘어 어깨, 목까지 퍼졌으며, 퍼진 종양들이 신경을 눌러 대는 바람에 말로는 도저히 표현할 수 없는 고통이 24시간 계속되었다. 통증만 없다면 세상에 못 할 게 없을 것 같았다.

통증 앞에 장사 없었다. 마음은 한없이 졸아들고 나을 거야, 나을 수 있어 하는 믿음은 마구 흔들리면서 두려움에 압도되었다. 그리고 통증은 사람을 몹시 외롭게 한다. 누구도 대신해 줄 수 없고 혼자 감당해야 하기에 그렇다. 할 수만 있다면 누가 좀 떠맡아 달라고 부탁하고 싶다. 그동안 운 건 울음도 아닐 만큼 아프다.

수옥은 건강했던 자신의 모습이 잘 기억나지 않았다. 그녀는 간절히 기도했다.

"그저 나는 살고 싶은 하나의 가련한 생명이니 나를 좀 보아 주세요, 내 손을 잡아 주세요."[68]

의사는 다시 항암치료를 해야 한다고 강력히 권했다. 종양의 크기를 줄이기 위해 먼저 방사선 치료를 한 다음, 항암주사를 맞자고 했다.

수옥은 2010년 1월 말부터 한 달 동안 총 20회 방사선 치료를 받았다. 전화 받을 기운도 문자 보낼 힘도 없이 누운 채로 견딘 시간들이었다.

그런데 그 뒤로 왼팔을 쓰지 못하게 되었다. 이젠 도자기를 만들 수 없었다. 서예는 진작 그만두었다. 하지만 수옥은 투병기 쓰기를 멈추지 않았다. 종일 누워 있다가도 조금 괜찮아지면 일어나 컴퓨터 앞에 앉았다. 왼팔에 이어 오른팔도 쓰기 어렵게 되자 남편이 마우스 밑에 판자를 대고 바퀴를 달아 주었다. 움직이기 수월하라고.

누웠다 쓰고 다시 눕고 하는 것이 그녀의 일과가 되었다. 글이 그녀를 나아가게 하고 있었다.

다시 한 달 뒤, 항암주사를 맞으러 가는 날.

몇 년 전 처음 항암치료 하던 그 봄처럼 이번 봄도 눈부시게 찬란했다. 그때 수옥은 푸르른 계절과 나들이 나온 가족의 단란한 웃음을 바라보며 자신에게도 저렇게 빛나는 시간이 다시 올까 생각했었다.

병원으로 가는 차 안에서 수옥은 중얼거렸다.

"난 최선을 다했어."[69]

눈물이 흘렀다.

애썼다는 말이 듣고 싶었다. 힘내라는 말 대신 수고했다는 말이 듣고 싶었다. 애썼다, 진수옥. 정말 수고했다.

그녀의 정원

해가 바뀌어 2011년 5월 초 햇볕 따사로운 오후, 수옥은 동네 뒷산의 서쪽 하늘이 잘 보이는 언덕에 남편과 올랐다. 10분이면 갔던 곳을 남편에 기대어 겨우겨우 걸음을 옮겼다. 첫 항암주사를 맞던 때처럼 세상은 푸르른 생기로 가득했다. 돗자리를 깔고 누운 수옥 옆에서 남편은 말없이 땅바닥에 나뭇가지로 그림만 그렸다. 수옥도 말없이 하늘을 올려다보았다. 해가 기울고 세상이 붉게 물들어 가는 모습을 두 사람은 가만히 지켜보았다. 그것이 수옥의 세상과의 마지막 인사였다.

항암치료는 더 이상 듣지 않았다. 종양은 뇌에까지 전이되고 통증이 사정없이 그녀를 휘감았다. 이젠 귀도 잘 들리지 않았다. 몸무게는 34킬로그램까지 줄었다. 2011년 5월 11일, 그녀는 엄마에게 편지를 썼다.

"엄마 이렇게 힘든 거 처음이에요. 저 힘든 거 작년으로 다 끝난 줄 알았어요. 그만큼 아프고 힘들었으면 다 된 줄 알았어요. 그런데 갈수록 태산이어요. 상상도 못한 어려움에 매일 눈물만 납니다. 엄마, 저 어떻게 해야 해요. …… 엄마 저 좀 어떻게 해 주세요."[70]

마지막 편지였다.

6월, 그녀는 병원에 입원했고 얼마 안 가 호스피스 병원으로 옮겼다. 그리고 2개월 뒤 2011년 8월 27일 세상을 떠났다. 그녀의 나이 53세, 발병 6년 만이었다.

마지막 병상에서 수옥은 자화상을 그렸다. 자화상 속의 그녀는 고요한 미소를 머금고 있었다. 어떤 고통도 없이 평안과 자애로움이 가득한 얼굴이었다. 온몸을 뒤덮은 통증도 그녀의 마음은 덮지 못했나 보다. 진흙 속에서 피어난 연꽃 한 송이가 자화상 곁에 그려져 있었다.

그녀가 꿈꾸었던 정원사는 현실에선 끝내 되지 못했다. 그녀의 정원은 현실에서는 이루어지지 않았다. 하지만 마음의 정원은 이미 그녀 안에 완성되어 있었다. 그녀가 가꾼 마음의 정원은 그 어느 정원보다 아름답고 풍요롭고 찬란했으며, 그 정원에서 그녀가 피운 꽃들은 그 어느 꽃보다 생기 넘치고 윤기가 흘렀다. 이제 그녀의 정원을 찾은 사람들은 그 어느 곳에서보다 따뜻한 위로와 고요한 평안을 느낄 것이다. 그리고 저마다 작지만 어여쁜 희망 한 송이를 가슴에 안고 문을 나설 것이다. 진수옥, 그녀의 정원에서.

남은 사람들 이야기

"삶과 죽음이란 같이 있을 수밖에 없는 거라고. 그러니 사는 동안은 그냥 삶 쪽을 바라보고 즐겁게 살라고. 그리고 죽음의 쓸쓸함을 견디는 것은 떠난 자의 몫이 아니라 남아 있는 자의 몫이라고."[71]

진수옥은 고려시대 묘지명에 대해 쓴 「삶과 죽음의 길이 예 있으매」에서 이렇게 말한다.

암은 환자 본인뿐 아니라 곁에 있는 사람들에게도 커다란 영향을 미친다. 폴 칼라니티의 아내 루시는 폴과 함께한 마지막 시간들이 참으로 고통스러웠지만 한편으로는 자신의 삶에서 가장 사랑과 감사로 충만한 시간이었다고 했다. 그녀는 사별이란 신혼여행과 마찬가지로 사랑의 자연스런 한 과정[72]이라면서, 폴은 세상을 떠났으나 자신의 사랑은 폴의 이야기를 사람들에게 널리 알리고 딸 케이디를 키우며 다른 방식으로 이어지고 있다고 했다.

진수옥의 남편 최병구는 '경상도 남자'에 장남인 자기는 아내가 아프기 전엔 설거지 한번 해 본 적 없고 청소기 한번 돌려 본 적 없는 남편이었다면서, 아내로 인해 자신은 훨씬 겸손하고 부드러운 사람으로 바뀌었다고 했다.[73] 그는 밥을 못 먹는 아내를 위해 직접 당근 주스를 만들고 아내가 누워 있는 방 창 밑에 그녀가 좋아하는 나팔꽃을 심었다. 덩굴이 올라오고 꽃이 피면 수옥은 말갛게 웃었다. 남편에게 그녀가 한 마지막 말은 "여보, 고마워"였다.

최병구는 아내가 남긴 일기, 투병기, 글 들을 모아 유고집을 냈다. 제목은 『옛 사람의 향기가 나를 깨우다』. 책을 낸 이유를 그는 '미안해서'라고 했다. 모든 것이 미안해서.[74]

그는 지금도 아내와 살던 집에 그대로 산다. 주변에서는 환경을 바꿔 보라고 이사를 권했지만, 거절했다. 앞으로도 이사 갈 생각이 없다. 아내와 살던 이곳이 좋고 아내의 기억이 좋다고 그는 말한다. 그의 휴대폰에는 도자기 만들기에 열중하고 있는 아내의 뒷모습이 초기 화면 사진으로 깔려 있다. 힘들 때면 그 사진을 들여다본다면서 최병구는 웃는다.

그는 집을 열심히 꾸민다. 여기저기 고치고 마음에 드는 물건들을 마련해서 이리저리 놓아 본다. 어느 날 밤, 식탁 앞에 앉아 있는데 문득 벽에 걸어 놓은 나뭇가지가 눈에 들어왔다. 산에서 주운 것인데 괜찮다 싶어 벽에 걸어 두었던 것이다. 그런데 그날따라 나뭇가지가 마치 아내의 머릿단같이 보였다. 자연스럽게 흘러내린 소담한 머릿단. 연필을 들고 벽에 얼굴을 그렸다. 눈을 지그시 내리감은 아내의 옆모습. 섬세하면서도 분명한 얼굴 선. 쓱쓱 몇 분 만에 다 그렸다. 쳐다보며 그는 혼잣말을 했다.

"이사 못 가겠네."[75]

"도무지
끝날 것 같지 않은
그 시기는
끝나.
언젠가는."

우리는 모두
　행복하기 위해
태어났습니다

비행(非行, delinquency)이란 한 사회의 규범을 벗어나는 일탈행위를 말한다. 청소년의 일탈행위를 뜻하는 청소년 비행은 그 범위가 매우 넓어서 음주, 흡연, 무단결석, 가출처럼 성인에게는 문제가 되지 않지만 청소년이라는 특정 사회적 지위로 인해 금지되는 행위를 일컫는 지위비행부터 법적 처벌 대상이 되는 범죄행위까지 모두 포괄한다.[1] 청소년 비행에는 나이라는 요소가 들어 있다. 청소년 지위비행은 그 자체로는 법적 기준을 벗어나지 않지만 범죄에 노출되는 시작이 될 수 있다.[2]

영국의 소아과 의사이자 정신분석 전문의 도널드 위니컷은 청소년들의 비행은 일종의 SOS라고 했다. 안전하고 믿을 수 있는 튼튼한 울타리를 찾는다는 조난신호. 위니컷에 따르면 청소년 비행은 구제불능의 징조가 아니라 오히려 희망이 남아 있다는 신호다.[3] 이들이 보내는 SOS가 받아들여져 적절한 대응이 이루어지면 그것이 곧 치유의 시작이다. 실패하면 아마도 언젠가 법정에 서게 될 가능성이 크지만, 성공하면 건강한 시민이 된다고 위니컷은 힘주어 말한다.[4]

비행의 치유는 비행의 피해자를 낳지 않는 길이기도 하다. 비행은 비행을 낳는다. 비행의 피해자가 가해자가 되거나 반대의 경우처럼, 가해와 피해를 둘다 겪는 중복 경험자도 상당수에 이른다.[5] 가해와 피해의 경계는 생각만큼 그리 강고한 것이 아닐 수 있다.

여기 비행 청소년들이 보내는 조난신호를 알아차리고 손 내민 사람과 그 손을 잡은 청소년들이 있다. 이들의 이야기는 오늘날 우리 사회의 빛과 그늘을 집약적으로 보여 줄 뿐 아니라 개인의 삶이 실은 그가 살고 있는 사회 및 역사와 긴밀하게 연결되어 있다는 것을 새삼 확인시켜 준다. 중학교 교육복지실 고정원 선생님과 다섯 명의 일진 여학생들이 빚어낸 다섯 개의 탈 비행 성장 스토리를 보자.[6]

무서운 애

"사고 치고 전학 왔냐?"

전학 서류를 내미는 민지를 쓱 훑어본 담임선생님이 말했다. 시작부터 순탄치 않다고 민지는 생각했다. 담임선생님을 따라 들어간 교실. 반 아이들 앞에서 전학생 소개를 하다 말고 선생님이 민지를 향해 언성을 높였다.

"그런데 교복이 그게 뭐냐?"

그렇잖아도 신경이 쓰이던 참이었다. 이번에 유난히 교복이 많이 줄여졌다. 하지만 처음 보는 아이들 앞에서 꼭 그딴 식으로 말해야 하나 싶어 속에서 뜨거운 것이 확 치밀어 올랐다. 민지는 대꾸했다.

"선생님 옷도 별로인 거 같은데요."

아이들이 쿡쿡 웃었다. 박수 치는 애도 있었다. 선생님 얼굴이 벌게졌다. 여기서도 조용히 살기는 틀렸구나, 민지는 생각했다.

소문은 정말 빨랐다. 다음 날, 누군가 민지를 찾았다. 3학년 일진이었다.

"너 저번 학교에서 놀았다며? 그럼 여기서도 놀아야지."

그랬다. 민지는 저번 학교에서 일진이었다. 하지만 고분고분하기 싫었던 민지는 되받아쳤다.

"왜 그래야 하는데요?"

"제법이네. 마음에 들어."

계속 거절하면 학교생활이 힘들어질 게 뻔했다. 좋다고 했다.

학교에서 일진이란 '무서운 애', '센 애'로 통한다. 함부로 건

드리면 안 되고 담배를 피우고 교복을 줄여 입고 화장을 한다. 그리고 돈을 달라면 순순히 주어야 한다. 누가 일진인지 아이들도, 선생님들도 다 안다.

민지가 전학 온 건 사고를 쳐서가 아니었다. 임대 아파트에 당첨되어 이사를 했기 때문이다. 장애인 아빠 덕분에 된 당첨이었다. 아빠는 뺑소니 교통사고를 당해 하루아침에 장애인이 되었다. 몸만 다친 게 아니라 뇌도 다쳐서 뇌병변장애 1급 판정을 받은 중증 장애인이다.

이사하면 모든 문제가 해결될 거라고 민지는 기대했다. 자신에 대해 알지 못하는 새로운 동네에 가서 새 학교에 다니게 될 것이다. 민지뿐 아니라 식구들 모두 기뻐했다. 공부 잘하는 언니는 대학 진학률 높은 이른바 명문 고등학교가 있는 곳이라며 반색했고 엄마는 지긋지긋한 동네를 떠나게 되었다고 좋아했다. 그런데 기대는 보기 좋게 빗나갔다. 세상일은 뜻대로 되지 않는다. 언제나.

장래희망은
'암흑가의 보스'

"교사 생활 20년에 이런 애는 처음 봐요."

민지 담임선생님은 한숨을 내쉬었다.

"어른 말은 목숨 걸고 안 듣겠다고 작정한 애 같아요. 뭘 해도 불만, 조금만 지적받아도 무섭게 대들어요. 뭐가 그렇게 억울한지, 잡아먹을 것 같은 눈빛이에요. 머리는 좋은 거 같은데, 마치 반항을 위해 모든 학교생활을 포기한 애 같아요. 그런데 신기하게도 학생부에 크게 걸리지는 않아요. …… 특히 말로는 민지를 당할 사람이 없을걸요."

학년 초에 써내는 가정환경조사서의 장래희망 란에 민지는 망설이지 않고 '암흑가의 보스'라고 썼다. 포스가 남다르니 보스 하라던 친구들 말도 있었지만, 무엇보다 아빠 엄마처럼 살기 싫었기 때문이다. 구질구질하게 살고 싶지 않았다. 누가 도와주지 않으면 혼자서는 거동도 못 하는 아빠, 느닷없이 가장이 되어 식당에서 설거지를 하는 엄마, 아빠가 저렇게 되었는데 아무 일 없다는 듯이 공부만 하는 언니, 다 못마땅했다.

좁고 답답한 아파트, 새벽 한 시 넘도록 집에 안 들어가도 문자 한 통 안 하는 식구들, 전부 마음에 들지 않았다. 학교 상담실, 도서실, 교육복지실, 이런 곳은 정말 싫었다. 그곳은 모든 것을 이해한다는 표정으로 친절하게 구는 선생님들이 있는 곳이다. 그건 잔소리나 회초리보다 더 나빴다. 장애인 아버지를 둔 기초생활수급자라는 사실을 그 선생님들 입을 통해 확인받을 때면 학교 같은 거 당장 때려치우고 싶었다.

가장 싫은 건 포기한 애 취급받는 것이었다.

"복도에 담배 연기가 꽉 차 있는데 선생님들이 그냥 지나가요. 포기한 거잖아요. 선생님이 그러면 안 되는 거 아니에요?"

"니들이 그렇지 뭐."

이 말처럼 듣기 싫은 게 없었다.

'불쌍한 애'가 되느니
차라리 '무서운 애'

민지 생각에 모든 문제는 7년 전, 초등 2학년 '그날'에 시작되었다. '그날'의 기억은 지금도 생생하다. 어디선가 걸려온 전화를 받은 엄마가 정신없이 뛰어나가고, 민지는 영문을 모른 채 집에 덩그러니 혼자 남았다. 민지는 숨을 죽이고 가만히 있었다. 뭔가 안 좋은 일이 생긴 게 틀림없었다. 3살 위인 언니가 학교 끝나고 학원까지 갔다 오려면 아직 멀었다. 집은 어두웠고 지독히 조용했다.

그날 이후 엄마는 집에 오지 않았다. 아빠도 오지 않았다. 엄마는 중환자가 된 아빠를 간호하기 위해 병원에서 아예 살았다. 민지는 혼자 밥을 차려 먹고 혼자 책가방을 쌌으며 학교 끝난 뒤에는 언니가 돌아오기만을 기다렸다. 무서웠다. 어떤 날은 숨이 멎을 것만 같았다. 언니와 둘이 보내야 하는 밤은 더 무서웠다. 어쩌다 집에 온 엄마가 다른 사람과 전화 통화하며 하는 말을 들은 뒤로는 무서움이 더했다. 아빠는 죽을지 모르고 살아도 장애인이 될 거라고 엄마는 말했다.

아빠를 유난히 따랐던 민지는 겁이 더럭 났다. 아빠가 죽으면 어떡하나. 병원에 데려다 달라고 엄마를 졸랐지만 안 된다고 했다. 그렇게 날들이 흘러갔다.

어느 오후, 민지는 동네 놀이터에 나갔다. 너무 심심하고 혼자 있기 싫은 날이었다. 놀이터에 처음 보는 언니들이 모여 있었다. 지금까지 민지가 만나 본 언니들과는 상당히 달라 보였다. 세상 그 무엇도 무서워하지 않는 것 같았다. 그 언니들하고 같이 있으면 자신도 무서운 것 없는 사람이 될 수 있을 것 같았다. 그렇게 해서 민지는 '무서워하는 아이'에서 무서운 것 없는 '무서운 아이'가 되었다.

민지는 아무에게도 집안 이야기를 하지 않았다. 제아무리 친한 친구라도 얘기하지 않아야 한다는 것을 알고 있었다. 한 사람이 알면 전교생이 아는 건 시간문제이고, 얘기하지 말라는 얘기까지 퍼지기 마련이었다. 그렇게 되면 자신은 '센 애', '무서운 애'에서 순식간에 '불쌍한 애'가 될 것이다. '불쌍한 애'가 되느니 '무서운 애'가 나았다. 장애인 아빠를 둔 애보다는 사고 치고 강제전학 온 애가 백번 낫다고 생각했다.

그런데 이 학교 일진들은 좀 이상했다. 교육복지실이 아지트라고 했다. 교육복지실은 상담을 하거나 도서실처럼 책을 읽거나 하는 곳이다. 대체 거기서 일진 애들이 뭘 한다는 건지 의아했다. 이상한 건 애들뿐이 아니었다. 교육복지실 선생님도 이상했다. 친절한 체를 하지 않았다. 친절한 체는커녕 오면 오는 대로, 가면 가는 대로 내버려 두었다. 그리고 뭐가 그리 좋은지 늘 싱글벙글 웃었다.

교육복지실 풍경도 다른 학교와는 좀 달랐다. 소파가 군데군데 놓여 있고 바닥에 매트가 깔려 있었으며 에어컨이 있었다. 푹신한 소파와 시원한 에어컨이라니, 이런 교육복지실은 본 적이 없었다. 일진 아이들은 소파 중에서도 가장 눈에 잘 안 띄는 구석에 놓인 소파를 차지했다. 거긴 매우 시원하고 학생부 선생님한테도 안 걸리는 자리이며, 모여 있어도 뭐라는 사람이 없어 편한 곳이라고 입을 모았다. 민지는 처음엔 그 말을 믿지 않았다. 그러나 차츰 알게 되었다. 정말 그렇다는 것을.

'모셔 올 엄마가
없다고요'

새벽 한 시. 연우는 비틀거리며 놀이터 안으로 들어섰다. 가출한 친구를 집에 데려가 재워 주기로 했는데 술 마시느라고 약속을 깜빡 잊었다. 연우는 요즘 매일 술을 마신다. 필름이 완전히 끊길 때까지 마시는 날도 많다.

아빠는 아침에 출근할 때, 집에 들어오는 날은 만 원짜리 한 장, 안 들어오는 날은 두 장을 놓고 나간다. 그래서 술 마실 돈은 항상 있다. 아빠가 집에 오는지 안 오는지도 언제나 알 수 있다. 하기야 집에 들어오는 날도 새벽에 와서 잠만 자고 나가므로 연우와 얼굴 마주할 일은 없다. 잠만 자고 나가는 건 아빠만이 아니다. 고3이라고 도서실에서 공부하는 언니도 마찬가지였다.

그래서 연우는 늘 혼자다. 엄마는 3년 전, 연우가 초등 5학년 때부터 따로 산다. 무엇 때문인지 모르지만 엄마와 아빠는 사이가 좋지 않다. 할머니와 고모들은 엄마를 미워한다. 아빠가 주식투자를 하다 폭삭 망하고 조그만 아파트로 이사하게 된 것이나, 아빠 일이 잘 안 풀리는 것이 전부 엄마 탓이라고 했다. 하지만 언니가 감기에 걸린 것도 엄마 때문이라고 하는 걸 보면 할머니나 고모들 말은 그리 믿을 게 못 되는 것 같다.

엄마 아빠는 연우가 고등학교를 졸업하면 이혼한다고 한다. 엄마 없는 애라는 게 서류로 드러나지 않도록 최대한 늦추는 거라나. 연우는 웃기는 소리라고 생각했다.

"내가 기죽을까 봐 성인이 된 다음에 이혼한다는데…… 이렇게 질질 끄는 게 더 기죽거든요."

엄마가 집을 나간 뒤부터 연우는 집안일을 도맡아 했다. 따로 사는 할머니는 일주일에 한 번쯤 와서는 잔소리를 늘어놓으며 이런저런 트집을 잡았다. 여자애가 키는 왜 그리 크냐, 왜 먹어도 살이 안 찌냐, 눈썹이 왜 기냐……, 할머니가 오는 날이면 연우는 집을 나와 동네를 빙빙 돌았다. 아니면 이불 뒤집어쓰고 자는 체하던지.

연우는 언제나 옷차림에 신경을 썼다. 교복은 물론 체육복까지 말끔하게 다려 입었다. 엄마 없는 애 티를 내고 싶지 않아서였다. 그래서인지 학교 선생님들은 아무도 연우가 엄마없는 애인 줄 알지 못했다. 사고를 쳐서 엄마 모셔 오라고 할때면 연우는 속으로 대꾸했다.

'모셔 올 엄마가 없다고요.'

엄마 없는 티 안 내려고 애쓰지만 자신이 어딘지 궁상맞고 아파 보인다고 연우는 늘 생각했다.

공교롭게도 엄마가 집을 나갔을 무렵부터 연우는 학교에서 또래 여자아이들로부터 집단 따돌림을 당했다. 집에서나 학교에서나 늘 혼자였던 연우, 중학교에 들어와 바로 일진에 가입했다.[7]

첫 만남

놀이터에서 혼자 기다리고 있을 줄 알았던 친구는 누군가와 이야기를 하고 있었다. 처음 보는 사람이었다. 자기가 말했던 바로 그 선생님이라고 친구가 소개했다. 교육복지실 선생님이었다. 이 선생님은 믿어도 된다고 친구는 말했다. 이것이 연우와 고정원 선생님의 첫 만남이었다.

다음 날, 연우는 교육복지실을 찾아갔다. 고정원 선생님에게 쪽지를 전해 달라는 친구의 부탁 때문이었다. 학교에 교육복지실이라는 것이 있는 줄도 몰랐던 연우는 입구에 들어설 때만 해도 도서실 같은 분위기를 상상했다. 바늘 떨어지는 소리도 들릴 만큼 조용하고, 책들이 가지런히 정돈되어 있는 그런 곳.

그런데 정말 의외였다. 시끄러웠다. 아이들이 왁자지껄 떠들고 있는데 놀라운 건 선생님 목소리가 더 크다는 것이었다. 아이들을 제지시키기는커녕 같이 웃고 있었다. 뿐만 아니라 전혀 정돈된 분위기 아니었다. 오리다 만 종이, 알록달록한 색지, 가위, 풀 따위가 어지럽게 널려 있고 창문에는 인기가수 사진이 붙어 있었다.

선생님은 연우를 보더니 반가워하며 가출한 친구 소식을 물었다. 마치 가출이 아니라 잠깐 여행 떠난 사람 소식을 묻는 것처럼 심각함이라곤 찾아볼 수 없는 목소리였다. 지저분함과 선생님의 무심함, 이 두 가지가 아주 마음에 들었다. 그래서 연우는 교육복지실 단골이 되었다.

"북한에서 왔다는 게
그렇게 잘못이에요?"

탈북민. 명주에게 꼬리표처럼 붙어다니는 수식어다. 7살 때 탈북했으니 명주 인생에서 북한에서 산 시간은 7년밖에 되지 않는다. 그런데 적어도 열 배는 넘을 나머지 인생 내내 명주는 이 꼬리표를 달고 살아야 한다. 고향이 황해도 해주라고 말하면 다들 신기하다는 표정으로 바라본다. 아프리카에서 태어났다는 애보다 명주를 더 신기해했다.

　그렇지만 명주는 고향 해주는 물론이고 북한에서의 기억이 전무하다시피 하다. 탈북 과정도 띄엄띄엄 기억날 뿐이다. 형제가 많았는데 언니 오빠들 중 4명은 같이 탈출 못 하고 북한에 남았다는 것, 중국의 어느 집 지하실에 숨어 지낸 것 정도가 생각난다. 탈북 이유도 정확히 모른다. 하지만 경제적인 이유는 아니었을 거라고 짐작한다. 어렴풋한 기억에, 먹을 것이 없어 걱정할 정도의 집안 형편은 아니었던 것 같다.

명주네는 중국에서 지하실을 전전하며 숨어 지내다가 캄보디아, 미얀마를 거쳐 몇 년 만에 가까스로 한국에 왔다. 아빠, 엄마, 언니 둘, 오빠, 남동생, 조카 이렇게 8명이다. 한국에 정착한 명주는 학교에 다니게 되었다. 나이에 맞춰 5학년에 들어갔다. 그렇지만 탈북 후 숨어 사느라고 학교는커녕 어떤 교육도 제대로 받은 적 없는 명주는 한글조차 잘 몰랐다. 이름 석 자 겨우 쓰는 수준이었다. 그런 명주에게 5학년 수업은 들어봐야 이해할 수 없는 외계어와 다름없었다. 명주가 학습부진아가 되는 건 당연한 수순이었다.

"공부를 배운 적이 없었어요. …… 초등학교 들어갔을 때 내 이름밖에 못 썼어요. 기본적으로 글씨 쓰는 교육을 제대로 받은 적이 없었어요. …… 글을 4학년 때까지 못 읽었어요."

엎친 데 덮친 격으로 반 아이들에게 명주가 탈북민이라는 사실이 알려졌다. 담임선생님이 공개적으로 얘기해 버린 것이다.

"북한에서 왔다는 얘기를 왜 해요. 덕분에 왕따가 됐잖아요. 담임선생님이 제일 짜증나요."

사실이 알려진 뒤, 반 아이들의 태도는 둘로 갈렸다. 슬슬 피하는 애, 괴롭히는 애.

피하는 건 참으면 되는데, 괴롭히는 건 참기 어려웠다. 아이들은 명주를 집단 괴롭힘의 타깃으로 삼아 촌스럽다고 놀리고 때렸으며, 화장실에 가두기도 했다. 놀리면 울고, 때리면 맞았다. 달리 어쩔 도리가 없었다. 명주 편은 없었다.

"초등학교 때 진짜 남자 애들한테 많이 맞았어요. 엄청 힘들었어요. 저 화장실에 갇힌 적도 있었어요. 그럴 때가 많았어요. 너무 억울한데 꾹꾹 참았어요. 집에 가면 엄마 아빠 엄청 싸우고, 학교 오면 지옥 같고…… 친구는 하나도 없었어요."

하지만 아이들의 왕따와 괴롭힘보다 더 힘든 건 대놓고 무시하는 어른들이었다.

"북한에서 온 애라 저것밖에 안 된다고 자기들끼리 얘기하더라고요. 눈물이 났어요."

명주는 묻는다.

"북한에서 왔다는 게 그렇게 잘못이에요?"

탈북민보다
일진이 나아

중학생이 된 명주는 일진 아이들과 친해졌다. 같은 초등학교에 다녔던 수아가 일진이었는데 수아와 가깝게 지내다 보니 자연스럽게 일진 아이들을 자주 만나게 된 것이다. 수아는 초등학교 시절 왕따와 괴롭힘을 당하던 명주에게 그나마 친절하게 대해 준 친구다.

그런데 일진과 친해지니 신기하게도 다른 아이들이 괴롭히지 않았다. 괴롭힘당하지 않으니 불안에 떨지 않아도 되어 좋았다. 늘 주눅 들고 조마조마한 마음이었는데 용기가 생기는 것 같았다. 탈북민이라는 것보다 일진이 나았다. 명주는 일진 아이들처럼 교복을 줄여 입고 머리 염색을 하고 함께 어울려 다녔다.

일진이 아니면서 일진처럼 행동하고 같이 어울려도 일진 선배들이 내버려 둔 건 언니 덕분(?)일 거라고 명주는 생각했다. 명주의 언니는 학교에서 유명한 일진이었다. 중학교 입학 초, 명주는 일진 선배에게 불려간 적이 있었다. 가입을 거절하자, 선배는 말했다.

"언니 믿고 까부냐."

몇 대 맞았지만 더 이상 괴롭히지는 않았다.

명주의 목표는 '무사히 졸업하기'였다. 졸업이 위태위태한 언니처럼 되고 싶지 않았다. 그래서 일진 아이들과 어울리면서도 무단결석, 무단조퇴 같은 건 하지 않았으며 돈을 빼앗거나 담배를 피우지도 않았다.

"너무 엇나가는 게 싫었어요. 언니가 너무 그랬더라서 그런 게 싫었어요. 돈 내고 담배 망봐 주고 선생님한테 걸리고 엄마 아빠 부르고 난 절대 그런 거 안 했어요. 애들이랑 논 거

뿐이지."

하지만 약해 보이지 않으려고 거친 말과 태도로 일관했다.

"약하게 보이면 안 되니까 들어오는 족족 방어. 그 자체가 불안하고 그래서 힘들었어요. 들킬까 봐 조마조마하니 가면을 쓴 거지…… 당당한 척해야 한다, 안 그러면 무시한다."

교육복지실에 대한 명주의 첫인상은 그림책이 많다는 것이었다. 중학교인데 그림책이 이렇게 많다니, 명주는 특이하다고 생각했다. 교육복지실에 그렇게 큰 소리로 웃는 선생님이 있다는 것도 특이했다. 선생님은 그 자리에 있는 어느 누구보다 크게 웃었다.

교육복지실에는 외국인을 위한 한국어 교재가 있었다. 선생님이 명주를 위해 특별히 준비해 놓은 것이었다. 선생님은 그책으로 명주에게 한글을 가르쳐 주었다. 학습부진아용 교재가 아니라 외국인용 교재라는 점이 마음에 들었다. 아무리 탈북민이라 해도 유치원생 취급받는 건 기분 좋은 일이 아니다.

적어도 교육복지실에서만큼은 명주는 한글도 제대로 못 쓰는 열등생 탈북민이 아니었다. 그곳에서 명주는 누구보다 많이, 잘 웃었다. 억지로가 아니라 진심으로 즐거워서.

"네 줄 이상 되는 건
만화책도 안 봐요."

교육복지실 선생님은 일진들이 저들끼리 모여 시시덕거려도 내버려 두었다. 야단도 간섭도 안 했다. 선생님이 관심 기울이는 애들은 따로 있는 것 같았다. 왕따당하는 아이들이었다. 그 아이들도 일진 아이들처럼 매일 자기들끼리 모이곤 했다. 며칠 전부터 선생님은 그 아이들과 뭔가를 하고 있었다. 평소 같으면 그 아이들이 뭘 하든 전혀 상관 안 했을 것이다. 일진에게는 관심 밖의 일이니까.

예림이는 슬그머니 다가갔다. 책상 위에 책 한 권이 펼쳐져 있었다.

"에이, 뭐야, 동화책이잖아. 지금 뭐 하시는 거예요, 선생님?"

예림이가 말을 걸었다.

"○○중학교에서 연극 공연이 있어서 연습하는 거야."

"이 책으로요? 동화책인데? 유치하잖아요."

"그렇게 유치하지 않은데. 읽어 봐."

"읽어요? 저는 네 줄 이상 넘어가는 건 만화책도 안 읽어요."

이것이 예림이와 고정원 선생님의 첫 대화였다. 읽지 않는 건 예림이만이 아니었다. 일진 친구들이 다 그랬다. 시험 때 교과서 한번 펴 본 적 없었다.

가장 최근에 읽은 책 중에 기억나는 것이 있느냐는 선생님의 질문에 예림이는 짧게 대답했다.

"없는데요."

그럼 최근 말고 오래전에 읽은 책 중에 기억나는 게 있냐는 질문에 퉁명스럽게 대답했다.

"없어요. 책은 공부잖아요. 공부는 언니나 하는 거예요."

그럼 무엇에 가장 관심 있느냐는 질문에 예림이는 냉큼 대답했다.

"남자요."

기다려도 오지 않는
아빠

다음 날 점심시간. 평소처럼 교육복지실을 찾은 일진 아이들은 늘 그렇듯이 단골 좌석인 구석의 소파에 자리잡았다. 탁자 위에 책 한 권이 아무렇게나 놓여 있었다. 누가 보다가 두고 간 것 같았다. 표지에 5살쯤 돼 보이는 아이가 그려진 그림책이었다. 『엄마 마중』이라고 제목이 쓰여 있었다.[8]

"귀엽네."

책을 집어든 수아가 책장을 훌훌 넘겼다. 그러다가 갑자기 소리를 빽 질렀다.

"아, 진짜…… 뭐 이딴 엄마가 다 있어. 싸가지 없네. 선생님, 이 애 죽었어요? 엄마가 안 왔잖아요."

"마지막 페이지를 봐. 반전이 있어."

"아, 만났구나. 그래도 재수 없어. 추운데 애를 이렇게 기다리게 하고, 되게 재수 없네."

연우가 끼어들었다.

"어디 봐 봐."

민지도 말했다.

"뭐야, 나도 봐."

아이들은 머리를 맞대고 처음부터 다시 책장을 넘겼다. 네줄 넘어가는 건 만화도 안 본다는 예림이만 멀찌감치 앉아 있었다. 소리내어 읽던 연우가 갑자기 조용해졌다. 명주가 놀란 눈으로 쳐다보았다.

"뭐야, 우는 거야?"

수업 종이 울렸다. 친구들은 각자 교실로 돌아갔지만 예림이는 교실 대신 화장실로 달려갔다. 눈물이 나서였다. 아이 엄마는 죽었을 것 같았다. 마지막 장면이 반전이라고 선생님은 말했지만, 그건 엄마가 죽고 엄마를 기다리던 아이도 얼어 죽어서 같이 하늘나라로 가는 장면인 것 같았다. 아무리 기다리고 기다려도 엄마는 오지 않을 것이다. 예림이 아빠가 그랬듯이.

예림이는 지금도 아빠의 발소리를 기억한다. 해가 저물면 지하 1층인 집 계단을 내려오던 아빠 발소리. 예림이를 유난히 예뻐한 아빠는 현관에 들어서며 큰 소리로 이름을 불렀다.

"예림아, 아빠 왔다!"

그런데 언제부터인지 아빠는 오지 않았다. 해가 몇 번이고 떴다 저물었는데도. 아빠가 왜 안 오는지, 왜 자기 이름을 부르지 않는지 알 수 없었던 예림이가 아빠의 교통사고 사망을 알게 된 건 세월이 한참 흘러 초등학생이 된 뒤였다.

친구가
전부

뺑소니 사고였다고 했다. 가해 차량은 보험도 들어 있지 않았다. 엄마는 툭하면 울었다. 아빠가 입던 옷을 보고 울고, 신발을 보고 울고, 뭐든 아빠와 관련된 것만 보면 울었다. 할 수 없이 예림이와 언니는 아빠의 유품들을 눈에 안 보이게 몽땅 치워 버렸다.

하루는 병원에 다녀왔다며 엄마가 약봉지를 내보였다. 우울증 진단을 받았다고 했다. 살던 집보다 훨씬 더 작은 집으로 이사를 했으며, 그때까지 직장을 가져본 적 없던 엄마는 식당 아르바이트를 시작했다. 우울증으로 몸이 좋지 않았으므로 일을 많이 할 수는 없었지만 아무튼 그것이 유일한 수입이었다. 기초생활수급자가 되어 받게 된 지원금을 제외하고는.

집안일은 예림이 차지였다. 엄마는 일하러 가고, 공부 잘하는 언니는 공부하러, 운동 잘하는 남동생은 운동하러 가야 했다. 예림이와 이란성 쌍둥이인 남동생은 농구선수다. 돈이 생기면 엄마는 언니 학원비, 동생 운동비부터 냈다. 예림이는 아픈 엄마를 생각해서 청소, 식사, 빨래, 온갖 집안일을 도맡아 하다가도 짜증이 치밀었다. 억울하다는 생각이 들었다. 언니처럼 공부도, 동생처럼 운동도 못하긴 하지만, 그래서 엄마가 자신에게 아무런 투자를 안 하는 것도 이해는 되지만, 그래도 너무하다는 생각이 들었다.

"정말 힘들었어요. …… 아빠가 돌아가실 때부터 집안 살림은 다 내 거였던 것 같아요."

예림이가 일진이 된 건 그 친구들과 있으면 억울하다는 생각이 들지 않았기 때문이다. 힘 있는 애들과 같이 있으니 무시당하지 않는구나 싶었다.

"제겐 친구들이 전부였어요. 친구들만 있으면 무서울 게 없다고 생각했어요."

그런데 상납금이 있다는 사실을 미처 알지 못했다. 한 달에 한 번 선배들에게 돈을 갖다줘야 했다. 미리 알았다면 일진에 가입했을까? 예림이는 가끔 생각했다.

엄마에게 돈 달라는 얘기를 할 수 없었던 예림이는 반 아이들에게 돈을 '빌'렸다. 빌린다고 했지만 실은 뺏는 거라는 것을 예림이도 모르지 않았다. 그래서 천 원 이상 빌린 아이들에게는 돈이 생기면 꼭 갚았다. 돈이 자주 안 생기는 게 문제였지만.

얼마나 울었을까. 화장실에 쪼그리고 앉아 한참을 운 예림이. 눈이 벌겋고 얼굴이 퉁퉁 부어올랐다. 이 꼴을 반 아이들에게 보일 순 없다고 생각한 예림이는 다시 교육복지실로 갔다. 네 줄 이상 되는 건 만화책도 안 본다던 예림이는 선생님에게 그 책 좀 빌려달라고 했다.

교육복지실의
'무서운 애들'

"수학 선생님이 숙제 안 해 왔다고 여기서 해 오래요."

수아가 부루퉁한 얼굴로 교육복지실에 들어섰다.

선생님은 말없이 고갯짓을 했다. 구석에 놓인 책상 앞에 앉아 수아는 한숨을 내쉬며 노트를 폈다. 조금 후, 수아 앞에 선생님이 섰다. 선생님은 다짜고짜 말했다.

"손바닥 펴 봐."

이게 또 무슨 일인가 싶어 수아는 잔뜩 의심스런 눈으로 선생님을 쳐다보며 마지못해 천천히 손바닥을 폈다. 손바닥에 떨궈진 초콜릿 두 개. 돌아서 가 버린 선생님은 하던 일을 계속했다. 이것이 수아와 고정원 선생님의 첫 만남이었다.

이상한 선생님이라고 수아는 생각했다. 지금까지 만난 선생님들은 하나같이 지적부터 했다. 왜 숙제 안 했니, 왜 교복치마가 그렇게 짧니, 학생이 무슨 화장이니, 머리가 그게 뭐니 등등. 그런데 이 선생님은 그런 말을 전혀 하지 않는다.

며칠 후 점심시간. 친구들과 몰래 학교 밖에 나가려고 담을 넘다가 딱 걸렸다. 학생부 선생님은 조사받을 때까지 교육복지실에서 기다리라고 했다. 가만히 있으려니 심심했다. 책상 위에 아무렇게나 펼쳐져 있는 책 한 권이 눈에 들어왔다. 그림책이었다. 슬쩍 한 페이지를 넘겨 보았다. 언제 왔는지 교육복지실 선생님이 옆에 앉더니 책을 읽기 시작했다. 그림책이라 유치할 줄 알았는데 의외로 재미있었다. 수아는 저도 모르게 하하 웃었다. 그러자 친구들이 다가왔다. 선생님은 더 실감나게 읽었다. 내용이 웃겨서 다들 키득거리며 웃었다.

때마침 들어온 학생부 선생님.

"뭐야, 반성하고 있으랬더니 웃어?"

모두 한 대씩 맞았다.

그날 이후 수아는 틈만 나면 교육복지실을 찾았다. 화장실 간다고 수업시간에 빠져나와 교육복지실에 갔으며, 아프다고 조퇴한 다음 가기도 했다. 지각한 날 야단맞기 싫을 때 가는 곳도 교육복지실이었다. 그때마다 선생님은 왜 수업 빼먹고 왔냐고 하지 않았다.

"오, 왔니? 어서 와."

그게 전부였다.

교육복지실에 드나드는 일진 학생들 중에 수아, 민지, 연우, 명주, 예림, 이렇게 다섯 명이 고정 멤버가 되었다.

그런데 교육복지실에 '무서운 애들'이 모인다는 소문이 나면서 곱지 않게 보는 시선이 생겼다. 왜 문제아들이 좋은 환경을 차지하고 있느냐는 것이었다. '노는' 애들이 모여 있으니 다른 학생들이 가고 싶어도 못 가지 않느냐고 했다. 그럴 때면 교육복지실 선생님은 말했다.

"나가서 사고 치는 것보다 낫잖아요."[9]

사실 그랬다. 교육복지실이 없었다면 수아를 비롯해 일진 친구들은 전처럼 밤늦도록 술 마시고 놀거나 몰려다니거나 했을 것이다. 그런데 방과 후는 물론 방학 때도 쉴 새 없이 뭔가 일을 꾸미고 벌이는 선생님 덕분에 '무서운 애'들은 사고 칠 겨를이 없었다.

"우리 정말 한 게 많았어요. 선생님이 정신없이 이것저것 시켰어요. 그러고 보니 말썽부릴 틈을 안 줬네요. 맨날 갑자기 '야! 이리 와 봐. 이거 하자.'"

어떤 선생님은 일진 아이들이 수업시간에 엎드려 자거나 딴짓해서 분위기 해치는 것보다 차라리 교육복지실에 있는 편이 낫다면서 무단조퇴, 무단이탈을 묵인해 주기도 했다. 다루기 힘든 골치 아픈 아이를 슬그머니 떠맡기기도 했다.

광주민주화운동과
아빠

번듯한 공기업에 다니는 아빠를 둔 남부러울 것 없던 수아네가 하루아침에 쫄딱 망한 것은 수아가 초등학교 2학년 때였다. 아빠가 큰아빠의 빚보증을 섰는데 그게 잘못되었다고 했다. 졸지에 엄청난 빚을 떠안게 된 수아네. 엎친 데 덮친 격으로 아빠는 직장까지 그만두어야 했다.

"큰아빠 보증 섰다가 집 날리고 빚더미에 올라앉았어요. 회사도 명예퇴직하고요. 그 빚, 평생 갚아도 다 못 갚을걸요."

널찍한 집을 떠나 조그만 아파트로 이사를 하고 수아는 좋아하던 피아노 학원을 그만두어야 했다. 수아는 아빠가 원망스러웠다.

"바보같이 보증은 왜 서."

짜증날 때마다 수아는 뇌까렸다.

공기업에서 잘나가던 아빠는 오토바이 배달을, 전업주부이던 엄마는 카드 배달을 시작했다.

아빠를 닮아 매우 순하게 생긴 수아는 초등학교 때 남자아이들에게 괴롭힘을 당했다. 아빠에 대한 원망과 괴롭히는 남자아이들에 대한 원망이 뒤엉켜 수아를 짓눌렀다. 그런데 우연히 일진 선배를 알게 된 뒤로는 남자아이들이 수아를 괴롭히지 않는 것이었다. 중학생이 된 수아는 바로 일진에 가입했다.

아빠를 원망하던 수아가 아빠를 조금 이해하게 된 것은 교육복지실에서 읽은 책 때문이었다. 수아가 태어나기 전인 1980년 전라남도 광주라는 곳에서 수많은 시민들이 군인들에게 무고하게 죽음을 당한 일이 있었는데, 그때 쌍둥이 오빠가 자기 때문에 죽었다는 죄책감에 시달리다 마음의 병을 얻은 어떤 엄마와 그 엄마 곁을 지키는 남자아이의 이야기를 담은 동화였다. 제목은 『손바닥에 쓴 글씨』.[10]

동생에게 줄 반지를 사온다며 나간 동화 속 쌍둥이 오빠는 끝내 돌아오지 못했다. 수아 아빠도 그럴 뻔했다. 광주민주화

운동 때 큰아빠는 집에 돌아오지 않는 아빠를 찾으러 나갔다가 부상을 당했다고 한다.

동화에 나오는 엄마처럼 아빠도 큰아빠에 대한 평생의 죄책감 때문에 보증을 서 주었나 보다고 수아는 생각했다. 아빠 때문에 온 식구가 고생을 하고 있지만 그래도 아빠는 동화 속 엄마처럼 몸과 마음이 완전히 망가지지는 않았으니 다행 아닌가 싶기도 했다. 처음으로 수아는 아빠가 불쌍하다는 생각이 들었다. 앞으로 아빠에 대해 적어도 원망은 하지 않기로 했다. 그리고 어른들을 조금은 이해할 수 있을 것 같다는 생각이 들었다. 그전엔 도무지 이해할 수 없었다.

책 읽어 주기
자원봉사

다섯 명의 일진 여학생들이 교육복지실 단골손님이 된 지 두 달. 2학년 1학기가 끝나고 여름방학이 다가오고 있었다. 다섯 아이들은 방학을 어떻게 보낼 것인지 아무 계획이 없었다. 그냥 통째로 비어 있는 시간이었다. 반 친구들처럼 가족여행을 가거나 휴가를 떠나는 건 이들에게는 다른 세상 얘기였다. 예전에 그랬듯이 이번에도 몰려다니며 놀거나, 술 마시고 사고

치거나 하면서 시간 가기만을 기다리는 것 외에 달리 할 일이 없었다.

그런데 교육복지실 선생님이 자원봉사를 해 보자고 했다. 근처 초등학교에 찾아가 방학 중 돌봄 교실에 나오는 초등 저학년 아이들에게 그림책을 읽어 주는 일이라고 했다. 다섯 아이들은 선뜻 좋다고 했다. 봉사에 관심 있어서가 아니었다. 친구들과 놀 수 있다는 것, 그리고 간식에 눈독을 들인 거였다. 시작은 그랬다.

선생님은 어떤 책을 읽어 줄 것인지, 읽은 뒤 독후 활동은 무얼 할 것인지 각자 알아서 정하라고 했다. 다섯 아이들은 읽어 줄 책을 선정하기 위해 교육복지실에 있는 그림책부터 읽기 시작했으며, 급기야는 근처 도서관을 찾아가 그림책이란 그림책은 모조리 읽다시피 했다.

"1권 고르는 데 100권은 본 거 같아요. 4권 골랐으니 400권은 본 거죠."

그리고 적절성 여부를 놓고 토론을 벌였다.

"정말 열심히 골랐어요. 작은 그림 하나하나 살피고……."

독후 활동으로 민지는 연극을 하겠다고 했으며, 명주는 지도 찾기, 예림이는 노래 배우기, 수아는 엄마를 위해 할 수 있는 일 리스트 만들기를 하겠다고 했다.

책 읽어 주기 자원봉사는 총 4일간 진행되었다. 그런데 첫

날, 명주는 큼직한 귀걸이를 달고 나타났다. 예림이는 손바닥 한 뼘도 안 되는 초미니 반바지를, 수아는 딱 달라붙는 스키니 바지를 입고 왔으며, 민지는 가슴이 훤히 보이는 티셔츠를 입었다. 내일은 그 학교 교장선생님께 인사드릴 거라고 했더니 둘째 날은 다들 얌전하게 입고 왔다. 셋째, 넷째 날도.

컬러링
'Dream'

명주는 책 읽어 주기 자원봉사에 빠지려고 했다. 한글에 자신이 없었기 때문이다. 하지만 친구들과 어울릴 생각에 마음을 바꾸었다. 교육복지실에 있는 그림책 가운데 특히 명주의 눈을 끄는 책이 있었다. 엉거주춤한 자세로 똥을 누고 있는 하얀 강아지가 표지에 그려진 책이었다. 제목은 『강아지똥』.¹¹ 이유는 모르겠지만 그냥 자꾸 눈에 밟혔다. 자신이 책을 고른 게 아니라 책이 자신에게 다가온 것 같았다.

　명주는 그 책에 대해 검색해 보았다. 애니메이션으로도 만들어졌으며 삽입곡 〈Dream〉의 OST가 유명하다는 것을 알았다. 독후 활동으로 이 노래를 가르쳐 주면 좋겠다는 생각으로 미리 들어보았다. 마음이 아릿해지는 노래였다.

자원봉사 첫날, 명주는 초등 1학년 남자아이와 짝이 되었다. 알고 보니 그 아이도 북한에서 왔다고 했다. 자신도 몸집이 작지만 정말 조그맣다고 명주는 생각했다. 연습을 많이 했건만 시작하려니 몹시 떨렸다. 명주는 숨을 가다듬고 첫 페이지를 연 다음 천천히 소리내어 읽기 시작했다. 강아지똥이 참새한테 더럽다고 무시당하고 흙덩이한테도 무시당하는 부분은 그럭저럭 잘 넘어갔다. 그런데 혼자 남은 강아지똥을 발견한 어미닭과 병아리들이 쓸모없는 '찌꺼기'라며 외면하고 가 버리는 부분에서 그만 눈물이 후드득 떨어지고 말았다. 명주는 당황했다. 울면 안 되는데, 연습할 땐 괜찮았는데, 왜 이런담. 한번 시작된 눈물은 마지막 페이지를 읽을 때까지 멈추지 않았다. 강아지똥이 자신의 몸을 녹여 예쁜 민들레꽃을 피우는 장면에서는 훌쩍훌쩍 소리까지 냈다. 책에 적힌 글자 한 자 한 자가 모두 명주 자신의 이야기 같았다.

'찌꺼기'라는 말이 유독 가슴에 박혔다. 탈북 후 중국에서 공안에게 발각될까 봐 컴컴한 지하실에서 숨죽여 살 때, 7살 명주에게 가장 어려운 일은 3살짜리 동생을 울리지 않는 것이었다. 울음소리가 밖으로 새어 나가지 않아야 했다. 명주는 동생을 잘 돌보지 못하는 자신이 아무짝에 쓸모없는 존재 같다고 생각했다. 그리고 혹시 자기가 잡혀가 죽더라도 동생은 꼭 살았으면 좋겠다고 생각했다.

그 암울했던 시절은 지나갔고, 이젠 더 이상 숨거나 도망 다니지 않아도 된다. 그러니 열심히만 살면 매사 다 잘될 줄 알았다. 그런데 여전히 자신은 쓸모없는 찌꺼기 같다. 어디에도 속하지 못하고, 아무것도 잘하는 것 없는 가치 없는 존재.

그때, 1학년 남자아이가 말했다.

"어떻게 하면 누나처럼 책을 잘 읽을 수 있어? 나도 공부 열심히 해서 누나처럼 되고 싶어."

세상에, 나처럼 되고 싶다는 사람도 다 있네, 명주는 저도 모르게 활짝 웃었다. 그날 이후 명주의 핸드폰 컬러링은 〈Dream〉이 되었다.

집보다 편안한
교육복지실

여름방학 내내 교육복지실은 다섯 명의 일진 여학생들과 고정원 선생님이 빚어내는 왁자지껄함과 분주함으로 가득 찼다. 아이들은 매일 교육복지실에 와서 선생님에게 간밤의 일을 미주알고주알 늘어놓았으며, 선생님은 듣고 웃었다. 선생님은 이들이 보내는 문자에 언제나 즉시 답을 했다. 다른 어른들처럼 무시하거나, 답을 해도 너무 늦거나 그러지 않았다. 마치 핸드폰 옆에서 24시간 대기하고 있는 사람 같았다.

교과서 한 번 펴본 적 없던 이들이 어느새 책을 가까이 하고 있었다. 특히 그림책이 인기 있었다. 다른 학생들은 그림책은 유치원생이나 보는 거라며 거들떠보지 않았지만, 일진 아이들은 그림책을 좋아했다. 예쁘고 때로는 슬픈 그림책.

그리고 책을 매개로 자기 고민을 얘기하기 시작했다. 가족 문제, 남자친구, 성 문제, 진로 등등 이야기는 시간이 흐를수록 깊어지고 넓어졌다.

교육복지실은 이들에게 집보다 편안한 곳, 언제 가든지 환영받는 장소였다. 아이들은 선생님을 '고 쌤', '정원 샘'이라고 불렀다.[12] 선생님의 성 혹은 이름을 딴 호칭이다.

교육복지실에서는 끊임없이 뭔가가 계획되고 실행에 옮겨졌다. 그림책 읽어 주기 자원봉사를 비롯해 책 내용 알아맞히기, 나만의 책 만들기, 가구 만들기 등등 여러 일들이 꼬리를 물고 이어졌다. 경주 감포 일대로 역사 캠프도 다녀왔다.

처음에 선생님이 역사 캠프를 제안했을 때 아이들은 고개를 가로저었다. 역사는 관심 없는 정도가 아니라 아주 싫어하는 것이었다.

"역사요? 어우⋯⋯."

"제일 싫어하는 과목인데요."

"저도요. 가서 공부하는 거예요?"

그런데 바다에 간다는 선생님 말에 마음이 혹했다.

"대왕암이 바다에 있어."

친구들과 같이 자고 같이 놀 수 있다는 것에도 혹했다.

"그럼 갈래요."

선생님은 사전 준비를 하자면서 사진이 가득 실린 책을 가져와 캠프 가서 보게 될 유적지에 대해 이야기해 주었다. 여행 가고 싶은 마음에 부푼 아이들, 한 명도 빠짐없이 준비모임에 참가했다. 역사의 역 자만 들어도 고개를 절레절레 흔들던 이들은 캠프 마지막 날 열린 역사 퀴즈 대회에서 다섯 명 모두 상품을 탔다.

카타르시스

2학년 2학기 개학 후 어느 날, 구내식당에서 고정원 선생님과 마주친 국사 선생님이 반색을 했다.

"요즘 노는 애들이 이상해요. 책을 읽어요, 수업시간에. 정말 신기해요. 맨날 엎드려 자거나 떠들던 애들이."

"만화책 아닌가요?"

"만화면 어때요. 그 애들이 책을 읽는다는 거 자체가 너무나 놀라운 일이잖아요. 수업방해도 안 되고 좋아요. 보니까 학습만화던데…… 그림책도 읽더라구요. 심각한 얼굴로. 정말 놀랍고 기특해요."

국사 선생님만이 아니었다. 수학 선생님은 이렇게 말했다.

"민지가 갑자기 달라졌어요. 맨날 엎드려 자거나 낙서만 하던 애가 질문을 하더라고요. 자기가 뭘 모르는지 정확하게 말하면서 알려 달라는 거예요. 그리고 설명을 해 주면 알아들어요. 머리도 좋은 것 같고, 이해력도 있더라고요. 1학기 때처럼 건방지게 굴지도 않아요."

수행평가의 계절이 다가오고 있었다. 예전 같으면 수행평가 같은 거 거들떠도 안 보았을 테지만, 이번엔 달랐다. 고정원 선생님은 수행평가를 한번 챙겨 보자고 했다. 성적 올리는 지름길이라면서. 시험성적은 금방 오르지 않지만 수행평가는 제출만 해도 0점은 면한다고 했다. 마감일이 가장 빠른 수행평가는 도덕. 장애인에 대한 책을 읽고 독후감 쓰기가 과제였다. 선생님은 장애인에 대한 책을 열 권쯤 테이블 위에 늘어놓고 아이들에게 각자 마음에 드는 것을 고르라고 했다. 만화, 그림책이 제일 먼저 선택받았다.

민지는 망설였다. 눈에 띄는 책이 있긴 한데 표지 그림이 마음에 걸렸다. 그림 속 남자애 모습이 아빠와 비슷했기 때문이다. 민지 마음을 아는지 모르는지 옆에 있던 예림이가 거들었다.

"그걸로 해. 동화니까 쉽잖아."

민지는 마지못해 책을 챙겼다. 제목은 『아주 특별한 우리 형』.[13]

토요일. 아침부터 비가 내렸다. 엄마는 밀린 집안일로 분주하고 모범생 언니는 책상 앞을 떠나지 않았으며, 아빠는 평소와 마찬가지로 병석에 누워 있었다. 민지는 이어폰을 꼈다. 이사 온 지 6개월, 그동안 민지는 엄마, 아빠, 언니, 아무와도 얘기하지 않았다. 누가 말이라도 붙일라치면 대뜸 화부터 냈다. 집이라고 하면 나는 것은 짜증뿐이었다. 민지는 볼륨을 높이고 책장을 넘기기 시작했다.

뇌성마비 형과 그 동생의 이야기였다. 표지에 그려진 남자아이는 뇌성마비 장애인인 형이었다. 그런데 이게 웬일일까. 친구들이 알게 될까 봐 걱정하면서 동생이 형을 창피해하는 장면에서 갑자기 눈물이 확 솟았다. 아빠를 창피해하는 자신의 모습이 거기 있었다. 울면 안 돼, 엄마랑 언니가 다 보잖아, 숨을 데도 없는데 하며 참으려고 했지만 눈물은 계속 흘러나왔다. 급기야 민지는 엉엉 소리를 내며 울기 시작했다. 한번 소리를 내자 점점 더 커졌다. 나중엔 언니고 엄마고 안중에 없이 마구 울었다. 울다가 읽고, 읽다가 다시 울고, 머리가 아파서 잠깐 잠들었다가 또 읽고 다시 울고, 나중엔 운다는 사실조차 못 느끼면서 울고, 마지막 페이지를 덮은 뒤에도 울고, 그렇게 하루 종일 울었다. 초등 2학년 때부터 7년 동안 쌓인 눈물이 한꺼번에 터져나오는 것 같았다.

해가 저물고 비가 그쳤다. 눈물도 멎었다. 민지는 집 밖으로 나왔다. 식구들 보기 멋쩍기도 하고 시원한 바람을 쐬고 싶었다. 평소 같으면 친구들을 불러냈겠지만 그냥 계속 걸었다. 한참을 걷다가 문득 생각했다.

'그동안 내가 참 외로웠구나.'

언제나 친구들한테 둘러싸여 있었기 때문에 느끼지 못했을 뿐이었다.

그날 밤, 민지는 독후감을 썼다. 담담하게 써 내려갔다. 그런데 속은 정말 후련했다. 민지는 선생님한테 문자를 보냈다.

"너무 슬펐어요. 그런데 쌤이 전에 얘기한 카타르시스를 느낀 거 같아요."

내 안의
'작은 나'

아침. 연우는 눈을 떴지만 일어날 수가 없었다. 바닥으로 꺼져 내려가는 몸이 물 먹은 솜처럼 무겁고, 집 안은 고요하다 못

해 적막했다. 몇 시일까. 간밤에 아빠는 들어왔는지, 언니는 언제 나갔는지 모르겠다. 아무것도 할 기운이 없다. 하고 싶은 일도 없다. 마냥 누워 있어도 아무도 뭐라 하지 않는다. 나무라는 사람, 채근하는 사람, 전혀 없다. 누워 있을 수 있을 때까지 누워 있다가 그도 지쳐서 일어나 학교에 갔다. 달리 갈 데가 없다. 수업은 이미 4교시가 시작되었다. 교육복지실로 발길을 돌린다. 거기엔 언제나 반갑게 맞아 주는 선생님이 있다. 왜 늦었냐, 왜 수업 안 들어갔냐는 질문 같은 건 하지 않는 선생님.

선생님 책상에 꽂혀 있는 책 중에 눈길을 끄는 것이 있었다. 노란색 표지가 예쁘고 제목도 특이했다. 『상처받은 내면아이 치유』.¹⁴ 꺼내어 읽기 시작했다. 이해되지 않는 부분이 많았지만 선생님한테 물어가며 읽었다. 마음 아픈 사람에게는 자라지 못한 '작은 나'가 있는데, 그 '작은 나'를 잘 치료해 주어야 마음의 병이 나을 수 있다는 얘기였다. 내 안에도 '작은 나'가 있는 거 아닐까 연우는 생각했다. 어느 날 갑자기 엄마가 사라진 뒤 혼자 울고 있는 5학년짜리 '작은 나'.

그 '작은 나'는 엄마가 사라진 그날 그 시간에 머물러 있었다. '작은 나'에게 좋은 기억이란 없었다. 화나고 슬프고 짜증나는 기억만 있었다. 그 기억들은 시시때때로 튀어나왔고, 그때마다 연우는 폭력을 휘둘렀다. 타인에게 혹은 자기 자신에게. 성질을 부리고 울기도 했다. 연우는 책에서 읽은 대로 밤에 잠자리에 누워 '작은 나'에게 말을 걸어 보았다. 잘 있니, 괜찮니 하고.

교육복지실에서 일진 친구들이 시원한 에어컨 아래 잡담을 하는 동안 연우는 책을 읽었다. 원래 책을 좋아했다. 엄마랑 같이 살았을 때는 엄마가 사 준 세계문학전집을 재밌게 읽었다. 명작동화도 좋아했다.

하지만 일진이 되고 나서는 책을 멀리했다. 그 세계에서 책을 읽는 건 찌질이나 하는 짓이었다. 찌질이가 될 순 없었다. 그러나 이제는 연우가 책을 읽어도 뭐라 하지 않는다. 자기들도 읽기 시작했으니 당연한 일이었다.

내게 관심 가져주는
사람

다시 땅 밑으로 꺼져 들어가는 것 같은 기분에 사로잡혔다. 아무도 없는 집에서 연우는 종일 누워 있었다. 밥도 싫고 물도 안 마셨다. 화장실 가기 귀찮아서. 그냥 누운 채 멍하니 창밖만 바라보았다. 핸드폰이 울려도 받지 않았다.

갑자기 할머니가 오셨다. 그날따라 평소와 다르게 오전에 오셨다. 할머니는 대뜸 소리부터 질렀다.

"이게 뭐야, 집구석이 완전 쓰레기통이네. 넌 나이를 도대체 어디로 먹니. 지 엄마 닮아 아주 게을러 터졌어요."

할머니는 면박을 주면서도 점심을 차려 주었다. 간신히 일어나 목구멍으로 밥을 넘겼다. 할머니가 간 뒤 연우는 도로 자리에 누웠다. 얼마나 시간이 흘렀을까. 집 안이 어두웠다. 저녁이 되었나 보다고 생각한 연우는 몸을 일으켰다. 점심때 밥을 먹은 덕분인지 몸 일으킬 기운이 있었다. 문득 책상 위 커터 칼이 눈에 들어왔다. 물끄러미 바라보던 연우, 집어들고 손목을 그었다. 몽글몽글 솟는 빨간 피. 시원했다. 이번엔 한 번에 성공했네, 연우는 중얼거렸다. 처음이 아니었다.

피를 만져 보았다. 만져 보긴 처음이었다. 선생님한테 문자를 보냈다.

"선생님, 원래 피가 찐득해요?"

몇 초 지났을까, 금세 답이 왔다. '24시간 대기'라더니 진짜 그렇다.

"글쎄, 기름기를 많이 먹었니?"

곧바로 다시 문자가 왔다.

"피가 많이 나? 죽을 만큼?"

왈칵 눈물이 솟았다. 이 세상에 나한테 관심 가져주는 사람이 있구나 싶었다. 선생님 목소리가 들리는 것 같았다. 얼굴 표정도 떠올랐다. 그제야 비로소 손목이 아파 왔다.

얼마가 지났을까, 요란하게 초인종이 울리고 누군가 현관문을 쾅쾅 두들겼다.

"연우야! 문 열어. 나 수아야. 문 열라고!"

휴지로 손목을 둘둘 감고 문을 열었다. 선생님이 보냈다면서 뛰어들어 온 수아는 챙겨 온 소독약과 붕대로 지혈과 응급 처치를 해 주었다.

"한 번만 더 이런 짓 하면 너 나한테 죽는다."

수아는 울면서 연우의 등을 마구 때렸다. 연우도 울었다. 손목이 아프고 등도 아파서. 그날 밤, 연우 곁을 지킨 것은 수아였다. 아빠도 엄마도 언니도 아니었다.

'나만의 책'

"점심시간에 교육복지실로 올 것."

다음 날 아침, 선생님의 문자가 와 있었다. 연우는 주섬주섬 일어나 도시락을 쌌다. 냉장고에 있는 재료를 총동원하여 김치볶음밥을 만들고, 마지막 남은 달걀로 프라이까지 해 얹었다.

평소와 다름없이 선생님과 웃고 떠들면서 김치볶음밥을 나눠 먹었다. 손목 얘긴 아무도 하지 않았다. 선생님은 수업자료로 쓸 거라며 연우에게 패러디 그림책을 만들라고 했다. 패러디 그림책이란 스스로 작가가 되어 기존의 그림책을 내용을 바꿔서 다시 쓰는 것이다. 작년도 탁상용 캘린더를 옆으로 세우면 그럴듯한 스프링 책이 되고, 거기에 글, 그림, 사진을 예쁘게 오려 붙이면 근사한 '나만의 책'이 된다.

먼저 어떤 책을 패러디할 것인지 골라야 했다. 연우가 고른 것은 『빨간 나무』.[15] 희망이라고는 없이 우울한 일뿐인 한 아이가 자신의 곁에서 자라고 있는 희망의 빨간 나무를 발견한다는 이야기인데, 연우는 이것을 정반대로 바꾸었다. 행복하고 즐거운 일밖에 없는 아이가 실은 불행한 운명의 주인공이라는 이야기로. 연우는 먼저 글을 썼다.

때로는 하루가 시작되면 희망이 보이는 날도 있습니다.
아침에 일어나자마자 기분이 상쾌했어요.
왠지 기분 좋은 일이 생길 것 같아요.
모든 것이 점점 좋아지기만 하네요.
햇살이 비치고 세상이 장밋빛으로 보이네요.
분홍 장미 빨간 장미
난 보라색 장미가 좋아요.
가끔 기대했던 좋은 일들과 행복한 생각이
어느 날 한꺼번에 터져요.

밝고 아름다운 것들은 계속 내게 다가와서

끔찍한 운명들은 다가오지도 못하는 것 같아요.

나는 내 자신을 너무 잘 알아요.

......

끔찍한 운명

행복도 잠깐인 것을 모르고 있었네요.

인터넷과 책을 뒤져가며 글에 어울리는 사진과 그림을 찾았다. '희망'이라는 단어에 어울릴 사진을 찾는 데 몇 시간이 걸렸다. '보라색'이라는 단어 위에는 정성껏 휴지를 잘라 붙였다. 가장 좋아하는 색이니까 보호하고 싶었다. 제목도 새로 붙였다. "빨간 나무가 검은 나무로 변해갈 때".

선생님이 교무실에서 거둬 온 수십 개의 작년도 탁상용 캘린더 중에서 연우가 선택한 캘린더 마지막 장에는 조그만 거울이 붙어 있었다. 연우는 거울에 커터 칼로 금을 그었다. '끔찍한 운명'을 나타내기 위해서였다. 정성을 다해 천천히 그었다. '금 간 거울'이 잘 표현된 것 같아 기분이 좋았다. 책 표지는 역시 보라색을 택했다. 보라색 포장지를 오려서 붙였다. 최대한 우울하게 만들려고 했는데, 완성하고 보니 예쁠 뿐 아니라 화려하기까지 했다. 마음에 들었다.

연우가 '나만의 책'을 완성하는 데는 꼬박 5일이 걸렸다. 그동안 연우는 매일 아침 학교에 나왔으며, 오리고 붙이면서 몇 시간이고 작업을 했다. 선생님과 이런저런 이야기를 나누며 웃었다. 그리고 그 5일 동안 연우는 깊은 잠을 잤다.

선생님은 교육복지실에 드나드는 여러 아이들이 만든 수십 개의 패러디 그림책들을 책장 위에 전시하여 누구나 볼 수 있게 했다. 그중 가장 인기 있는 작품은 단연 연우의 〈빨간 나무〉였다.

아빠의
눈물

수아네 식구들이 모처럼 한자리에 모여 저녁식사를 하던 날. 식탁에서 갑자기 아빠가 울기 시작했다. 아빠가 우는 것을 수아는 처음 보았다. 엄마, 언니도 휘둥그레진 눈으로 바라보았다.

"아빠 잘못이다."

이렇게 한마디 하고 아빠는 일어나 나갔다.

알고 보니, 학생부 선생님이 전화를 했다는 것이다. 수아가 일진에 가입되어 있다고. 식구들은 수아가 '노는 애'인 줄 전혀 몰랐다. 화장도 학교 와서 하고 집에서는 티를 내지 않았으니 모르는 게 당연했다. 늦게 오면 공부하느라 그러는 줄 알았다.

수아는 잘못한 것이 있으면 자기를 벌주면 되지 왜 집에 전화는 해서 일을 만드나 싶어 화가 치밀었지만 한편으로는 일진이라는 것이 아빠를 저렇게 울릴 정도로 큰일이구나 하는 생각이 들었다.

다음 날, 교육복지실에 나타난 수아는 일진에서 나오고 싶다고 했다. 실은 수아뿐 아니라 다른 친구들도 같은 생각을 하고 있었다. 갈수록 늘어만 가는 상납금이 부담스러웠고, 나오고 싶은 마음이 커 가고 있었다. 하지만 탈퇴는 쉽지 않았다. 그동안 쌓아 놓은 게 아깝지 않냐, 3학년 올라가면 시키기만 하면 되는데 왜 나가느냐 하며 말리는 일진 선배도 있고, 맘대로 못 나간다며 나가려면 돈을 내라면서 끝까지 놓아주지 않는 선배도 있었다. 지루하고 힘든 시간이 계속되었다. 그렇지만 다섯 아이들의 마음은 흔들리지 않았다.

우여곡절 끝에 2학년 2학기가 끝나고 겨울방학이 시작될 즈음, 수아를 비롯한 다섯 아이들은 모두 일진에서 탈퇴했다. 수아는 다행히 별일 없이 나왔지만 어떤 친구는 요구받은 돈을 내야 했으며, 돈 대신 맞는 쪽을 택하고 나온 친구도 있었다.

수아는 당시를 이렇게 기억한다.

"우리는 함께 변했어요. 누구 하나가 변한 게 아니라 다 같이 조금씩 변했던 거예요. 일진에서 한꺼번에 빠져나올 수 있었던 힘은 그래서 갖게 된 거예요."

예비 중학생
가이드

3학년을 앞둔 겨울방학. 교육복지실에서는 근처 초등학교 6학년 학생들을 초청하여 진학할 중학교를 미리 둘러보는 '예비 중학생 가이드' 프로그램이 열렸다. 참기 신청을 한 예비 중학생은 총 19명. 3개 조로 나누어 이틀 동안 진행되었으며 민지, 수아, 명주가 각각 조장을 맡았다.

두 번째 날, '선배와의 대화' 시간에 한 예비 중학생이 물었다.

"교복은 어떻게 입어야 예뻐요?"

수아가 대답했다.

"학생답게 입는 게 제일 예뻐요. 너무 줄여도, 너무 길어도 안 예뻐요. 1학년 때는 좀 넉넉한 게 좋아요. 그래야 오래 입으니까."

수아는 전교에서 교복 많이 줄여 입기로 첫손 꼽히는 학생이다.

"찍힐까 봐 무서워요. 안 찍히려면 어떻게 해야 돼요?"

다른 예비 중학생의 질문에 이번엔 민지가 답했다.

"평범하게 하고 다니면 찍힐 일 절대 없어요. 가만있는 애들은 안 건드려요. 괜히 욕을 한다거나 뭔가 돋보이게 하려고 튀는 행동을 하면 찍혀요."

민지는 자타가 공인하는, 전교에서 가장 욕을 많이, 세게 하는 학생이다.

"왕따 당할까 봐 무서워요."

이 질문에 답한 것은 명주였다. 왕따 경험이 있는 명주는 왕따를 피할 수 있는 현실적인 팁을 알려주었다.

"무리지어 다니는 아이들과 적절한 거리를 유지해서 멀리서 보면 혼자가 아닌 것처럼 보일 것."

겨울방학 끝나고 3학년 1학기가 시작되었을 때, 수아는 새 교복을 입고 나타났다. 이번엔 줄이지 않았다. 그리고 민지는 더 이상 복도에서 큰소리로 욕을 하지 않았다.

"이렇게 바뀔 줄
몰랐어요"

민지는 3학년 1학기 학급 회장 선거에 나가 당선되었다. 다른 반인 연우는 부회장이 되었다. 민지 담임선생님은 리더십이 있다고 민지를 칭찬했다. 1년 전, 이런 애 처음 본다며 담임선생님 고개를 젓게 했던 민지.

"이렇게 바뀔 줄 몰랐어요. 백 퍼센트 변했어요. 항상 반발하고 불만에 가득 차 있었는데. 통솔력이 있어요. 많은 도움을 받았어요."

민지뿐 아니라 연우, 명주, 예림, 수아 모두 3학년이 되면서 완연히 다른 모습을 보였다. 가장 눈에 띄는 변화는 수업시간에 무단이탈을 하지 않는다는 것, 그리고 성적 급상승이었다.

수업 무단이탈을 밥 먹듯 하던 이들이 3학년 되어서는 단 한 번도 그러지 않았다. 자해 사건 후 우울증 약물치료 중인 연우만 딱 두 번 무단이탈을 했는데 두 번 다 약을 먹지 않았을 때였다. 예림이는 학원에 다니기 시작했다. 간단한 계산도 못 해서 끙끙거리던 예림이가 수학 문제를 갖고 와서 질문을 하기 시작했다. 한글에 약한 명주는 난관에 부딪칠 때마다 교육복지실에 찾아와 조언을 구했고, 암기과목에 집중하는 수아는 문제집을 있는 대로 죄다 풀었다.

기말고사를 앞두고 아이들은 저마다 목표를 세워 교육복지실 게시판에 써 붙였다. 선생님도 동참했다. 선생님의 목표는 몸무게 10킬로그램 줄이기. 아이들이 붙인 각자의 목표는 이러했다.

"평균 20점 올리기."(민지)

"선생님 살 뺀 만큼 평균 올리기."(연우)

"평균 5점 올리기."(명주)

"현재 성적 지키기. 더 떨어지지 않기."(예림)

"평균 10점 올리기."(수아)

지금까지의 성적이 40명 중 뒤에서 서너 번째, 잘해야 열 번째 이내로 워낙 낮았기 때문에 평균 20점, 10점 향상이라는 목표를 세울 수 있었다.

이윽고 시험 기간.

연우가 싱글거리며 교육복지실에 들어왔다.

"선생님, 저 평균 많이 오를 거 같은데 살 빼는 거 어떻게 되셨어요?"

명주가 울면서 들어왔다.

"정말 열심히 했는데…… 생각이 안 나는 거예요. 저보다 안 한 애도 다 맞았다는데."

예림이도 투덜거렸다.

"수학 진짜 열심히 했는데…… 알고 푼 게 몇 개 안 돼요. 해도 안 해도 똑같네, 뭐야."

"그러게 뭐랬어. 나처럼 암기과목 위주로 하랬잖아. 어제도 수학만 풀더니. 수학은 그렇게 금방 안 오른다구."

수아가 점잖게 타일렀다.

웃기만 하던 선생님이 물었다.

"민지는 요즘 왜 안 와?"

"걔는 요즘 공부하는 애들이랑 놀지 우리랑 안 놀아요."

꼭 1년 전, 교육복지실에서 고정원 선생님과 처음 만났을 때 다섯 아이들은 이런 이야기들을 주고받았었다.

"시험 너무 좋아. 빨리 끝나잖아"

"오늘 술 먹을까?"

"좋아. 남자 애들도 부르자."

시험공부는 안 하느냐는 선생님의 말에 돌아온 심드렁한 대답.

"신경 안 써요. 어차피 수행평가 하나도 제출 안 해서 시험 만점 받아도 70점밖에 안 되는데요, 뭐."

1년 뒤, 다섯 아이들은 게시판에 스스로 적은 목표를 모두 달성했다. 몸무게 10킬로그램 줄이기를 건 선생님도 목표달성을 했다.

안 해서 그렇지 못 하는 게
아니었어

학년 초마다 제출하는 가정환경조사서를 물끄러미 들여다보던 민지는 교육복지실로 달려갔다. 작년 조사 때 민지는 장래희망 란에 '암흑가의 보스'라고 썼다. 세상에 어떤 직업이 있느냐는 민지 질문에 고정원 선생님은 언제나 그랬듯이 책으로 응답했다. 다양한 직업에 대한 다양한 책들을 소개해 주었다.

민지는 가문 땅이 물 빨아들이듯 섭렵했다. 정보는 인터넷에만 있는 줄 알았더니 책에도 있었다.

민지는 처음으로 충만한 기분을 느꼈다. 일진 친구들과 술 마시고 담배 피우고 할 때는 느껴 보지 못한 기분이었다. 그땐 모든 것이 아무 의미도, 무게감도 없었다. 자신에게는 해당 없는 일인 줄로만 여겼던 '성공'이라는 것이 그렇게 멀리 있는 것만은 아니라는 생각이 들었다.

직업에 관한 책들을 두루 읽어 본 결과, 자신이 관심 있는 것이 디자인 분야라는 것을 알게 된 민지는 실업계 고등학교 디자인과에 진학하겠다는 목표를 세웠다. 그런데 목표를 이루기에 성적이 너무 형편없었다. 하지만 3학년 성적을 가장 많이 반영한다니 해 볼 만하다고 생각했다. 민지는 공부를 시작했다. 생전 안 보던 교과서를 펼치고 노트 필기를 챙겼다. 모르는 것은 담당 과목 선생님을 쫓아다니며 물었다. 그런 민지를 선생님들은 놀랍고 신기하다는 눈으로 바라보았다. 암기 과목은 친구들과 퀴즈를 내 가며 공부했다. 막상 해 보니 공부도 은근히 재밌다고 민지는 생각했다. 진작 좀 해 둘걸 싶기도 했다.

마침내 민지의 성적은 40명 중 34등에서 18등으로 껑충 뛰었다. 그리하여 원하는 고등학교에 지원서를 내는 데 성공했다. 기뻐서 교육복지실로 뛰어온 민지, 환히 웃으며 말했다.

"제가 안 해서 그렇지, 못 하는 게 아니었어요. 그죠?"

'강함'은 삶 속에서
단련되어 가는 것

실업계 고등학교에 진학한 민지는 1학년 1학기 기말고사에서 전교 4등을 했다. 고3 때는 학생회장이 되었으며 전교 1등도 했다. 민지는 더 이상 아이들과 선생님 모두 피하는 '무서운 애'가 아니었다. 자신감 넘치고 당찬, 인정받는 학생이었다.

민지는 원하던 4년제 대학 디자인과에 합격했다. 대학생이 되자마자 가장 먼저 한 일은 가까운 사회복지관을 찾아 방과 후 공부방 자원봉사자로 지원한 것이었다. 저소득가정 아이들에게 공부를 가르쳐 주고 돌봄도 해 주는 일이다. 초등학생 시절, 학교에서 돌아와 아무도 없는 집에서 홀로 두려움에 떨던 자신의 모습을 떠올린 걸까.

민지가 처음 담당한 아이는 초등 4학년 여자아이였다. 민지는 고정원 선생님에게 편지를 썼다.

"선생님이 저희들 처음 만났을 때 이런 기분 아니었을까 생각해 봤어요. 돌이켜보면 저 참 싸가지 없는 애였어요. 그래서 지금 벌 받나 봐요. 제가 만나는 아이는 할머니랑 사는데, 무슨 말을 해도 저를 쳐다보지도 않아요. 엄마 아빠가 버리고 갔대요. 도와주고 싶은데 어떻게 해야 할지 모르겠어요. 우리가 그랬듯이 그림책으로 시작해 보면 좋지 않을까요? 어떤 책이 좋을까요?"

민지는 선생님이 자신에게 해 준 그대로 아이에게 했다. 같이 그림책을 보며 웃고, 따뜻이 손 내밀어 주었다. 그러면서 깨달았다. 아이를 돕지고 한 일이 실은 자기자신에게 더 도움 된다는 것을. 도우러 갔다가 오히려 도움받는다더니 정말 그랬다. 민지는 새로운 삶의 목표가 생겼다. 장학재단을 만들어 아이들의 닫힌 마음을 열어 주고 상처를 치료해 주는 역할을 하고 싶다는 꿈이다.

민지를 둘러싼 세계는 전과 다름이 없다. 집안 형편은 예나 지금이나 똑같이 어렵고, 몸도 정신도 온전치 못한 1급 장애인인 아빠는 오늘도 병석에 누워 있으며, 엄마는 생계를 위해 분주하다. 그러나 민지가 바라보는 세상은 예전과 전혀 다르다. 중학교 때는 장애인 아빠가 싫고, 장애인 아빠가 있는 집이 싫었다. 친구들이 알까 동네 사람들이 볼까 마음을 졸였다. 가난이 지긋지긋했다. 떠나고 싶다는 생각으로 가득 차 있었다. 사람들이, 어른들이 미웠다. 모든 것이, 불행과 나쁜 일이 다 아빠 때문이라고 생각했다.

그러나 이제는 안다. 아빠가 있기에 지금의 자신이 있다는 것을. 아빠는 자신에게 뭔가를 해 줄 순 없지만 언제나 그 자리에 있으면서 영원히 변치 않는 유일한 존재가 되어 준다. 민지가 마음으로 가장 믿고 의지하는 것은 다름 아닌 아빠다.

아빠 덕분에 실제적인 도움도 많이 받았다. 각종 지원과 장학금, 우대를 받을 수 있었다. 무엇보다 고마운 건, 단단하게 제련될 수 있었다는 점이다. 진정한 '강함'은 일진 같은 외부의 것에 기대어서가 아니라 자신의 삶 속에서 단련되어 가는 것이었다.

"나 자신을 바꾸니 세상이 바뀌더라고요."

외로운 아이들을
위하여

인문계 고등학교에 진학한 연우는 1학년 1학기 초에 열린 교내 독후감 대회에서 최우수상을 받았다. 친구 관계도 원만하고 성적도 괜찮았다. 문제는 담배였다. 아침 7시 반부터 저녁 자율학습까지 하루 12시간 넘게 학교에서 지내야 하는데, 이미 습관이 되어 버린 담배를 참기란 몹시 어려웠다. 몰래 피우다 걸리기를 반복하다가 결국 한 번만 더 걸리면 퇴학이라는 경고를 받았다.

연우는 결국 자퇴서를 썼다. 자퇴 후 아르바이트를 하면서 중국어와 한자 급수 시험공부를 시작했다. 그리고 아빠와 살던 집을 나와 외할머니와 살게 되었다. 아빠는 아예 집에 안 들어오다시피 했으며 대학생이 된 언니는 스스로의 삶을 찾아 외국으로 떠났기 때문에 아빠 집에는 아무도 없었다.

연우의 중국어 실력은 일취월장했다. 공부 시작한 지 2년 만에 중국어 능력시험 상급(HSK 8급)에 합격하고 한자급수 1급 자격증을 땄다. 그리고 고졸 검정고시를 거쳐 전문대 중국어과에 진학했다. 목표도 생겼다. 중국과 무역을 해 보고 싶었다.

"부러운 사람이 있으면 그 사람을 닮으려고 노력해요. 따라 해 보는 거죠. 그 사람처럼 성공하고 싶다, 나도 할 수 있다고 생각하면서요."

이제 연우는 술을 마시지 않고 자해는 더더욱 하지 않는다.

"평생 마실 술, 중학교 때 다 마셨잖아요. 이젠 안 마셔요."

연우의 바람은 언젠가 책 한 권을 꼭 쓰는 것이다. 그 책이 어느 학교 교육복지실에 비치되고 그것을 읽은 아이들이 더는 외롭지 않았으면 좋겠다고 연우는 소망한다.

영국 난민 캠프
생활

중학교 졸업을 몇 달 남겨둔 3학년 2학기 11월 말, 명주는 영국행 비행기에 올랐다. 하루가 멀다 하고 경찰서에 불려다니는 언니를 한국에 계속 두어선 안 되겠다고 생각한 이빠가 영국에 난민 신청을 했고, 언니의 보호자 삼아 명주를 같이 보내기로 한 것이었다.

'무사히 졸업하기'가 목표였던 명주는 졸업 후 고등학교에 진학할 준비를 착착 하고 있었다. 미용고등학교에 진학해서 미용사가 되겠다는 목표를 세우고 교육복지실에 미용도구들을 갖춰 놓고 친구들 머리를 잘라 주었다. 명주의 머리 자르는 솜씨는 평판이 괜찮았다. 나도 잘하는 게 있구나 싶어 명주는 기분이 좋았다.

그런데 갑자기 모든 것이 바뀌어 버렸다. 이제 친구도 생기고 자신을 이해해 주는 선생님도 만났는데, 겨우 뿌리내리는가 싶었는데, 다 두고 떠나야 한단다. 탈북민에 난민이란 꼬리표까지 달게 되었구나, 명주는 생각했다.

비행기 타기 전날, 명주는 고정원 선생님의 미니홈피에 작별인사를 썼다. 눈물 때문에 겨우 쓸 수 있었다.

"중학교 와서 선생님 덕분에 정말 편했고 웃을 수 있었는데, 항상 제 고민 들어주시고 위로해 주셨는데, 아 정말 너무 갑작스럽고 황당해요. 선생님, 저 힘들 때 어떡해요, 보고 싶어서 어떡해요…… 꼭 성공해서 만나러 갈게요. 당당하게 찾아뵐게요. 선생님 고마워요."

난민 캠프 생활은 불안과 두려움의 연속이었다. 북한으로 돌려보내질지 모른다는 두려움, 낯선 사람들, 낯선 언어 앞에서 한순간도 마음을 놓을 수 없었다. 시간이 갈수록 두려움과 불안은 눈덩이처럼 커져 갔다. 어떤 날은 숨이 제대로 쉬어지지 않을 정도로 견디기 힘들었다.

그러나 난민 신청은 거부되었고, 명주는 다시 한국으로 돌아왔다. 떠난 지 6개월 만이었다. 귀국 후 명주는 탈북민을 위한 대안학교에 들어갔으며, 검정고시 준비를 시작했다. 그런데 건강에 적신호가 켜졌다. 감정조절이 되지 않았다. 공연히 눈물이 하염없이 흐르기도 하고, 이유 없이 웃음이 터져서는 멈추지 않기도 했다. 슬픔과 기쁨, 분노와 우울이 자신 안에 마구 뒤엉켜 있다가 멋대로 불쑥불쑥 튀어나와 활개를 치는 것 같았다. 어떻게든 가라앉혀 보려고 학교 운동장을 쓰러질 때까지 달려도 보았지만 소용없었다.

할 수 없이 찾아간 정신과 병원에서 조울증이라는 진단을 받았다. 약을 복용하며 힘겨운 치유의 시간을 보내야 했다. 그때 명주를 버티게 해 준 것은 그동안의 힘들었던 과정에 대한 기억이었다. 어떻게 여기까지 왔는데 여기서 멈추랴 싶었다.

"감정조절이 안 되어서…… 가슴이 뻥 뚫린 것 같고 너무너무 우울한 거예요. 집에서 나가지도 않아요. 그렇게 바닥까지 내려갔어요. 아, 죽지도 못하겠어, 그렇게 힘들게 왔는데 어떻게 죽어, 혼자 생쇼를 다하면서 어떻게 버텼는지 모르겠어요. 그나마 긍정적인 생각이 크니까, 나보다 더 힘든 사람들도 있는데 하며 견뎠던 거 같아요."

조울증은 서서히 좋아졌다. 여전히 약 복용은 해야 했지만 다시 검정고시에 도전하기로 마음먹은 명주는 마침내 중졸, 고졸 검정고시에 합격하고 뒤이어 대학 탈북자 전형에 응시하여 합격했다.

다르다는 것은
잘못이 아니야

대학 공부를 따라잡기는 쉽지 않았다. 국제무역을 다루는 학과 특성상 영어 수업이 많았으며, 명주의 취약점인 한글로 쓰인 교재도 어렵기는 마찬가지였다. 하지만 외국인 학생들이 많은 학과였기 때문에 한글이 서툴다고 주눅 들지 않아도 좋았다. 그것도 몰라 하며 구박하는 사람이 없었다. 탈북민이라고 이상한 눈빛으로 바라보지도 않았다.

신입생 자기소개를 하는 날, 사람들 앞에서 명주는 당당히 말했다.

"저는 탈북민입니다. 고향은 황해도 해주예요."

말하고 나니 마음이 후련했다.

어떻게 하면 북한에서 왔다는 것을 감출 수 있을까, 한국 사람과 같아질 수 있을까 전전긍긍했지만 그러나 이제는 안다. 다르다는 것은 잘못이 아니라는 것을. 자신은 다를 뿐이지 틀렸거나 이상한 존재가 아니다.

명주의 꿈은 국제구호단체에 일하는 것이다. 통일이 되어 세계로 진출하는 북한 사람이 있으면 자신이 길잡이가 되어 주고 싶다.

교수님 추천으로 나가게 된 '통일을 주제로 한 영어 말하기 대회'에서 명주는 이렇게 연설했다.

"저는 그동안 저의 어려움만 보고, 어떻게 하면 빨리 이 어려움에서 벗어나 잘살 수 있을지만 생각했습니다. 빨리 다른 한국 사람들과 같아져야 한다는 생각을 했을 뿐이었습니다. …… 나는 틀린 것이 아니라 다른 것이라는 것을 알았습니다. …… 나중에 북한 사람들이 세계에서 행복하게 살 수 있게 도와줄 소망이 있습니다. 그리고 그 소망은 이제 절실해졌습니다. 저의 동포들이 제가 삶에서 경험했던 아름다운 것들을 경험하기를 원합니다. 그리고 저의 삶에 힘들었던 것은 경험하지 않기를 원합니다. 그리고 나아가 모든 사람들이 더 나은 삶을 살아가기를 소망합니다."

명주의 이야기는 우수상을 수상했다.

조금씩 이뤄 가는 게 좋아요

예림이는 간호사가 되고 싶었지만 성적이 모자라 간호과가 있는 고등학교 대신 상업고등학교에 진학했다. 그리고 집안 형편상 졸업하자마자 바로 취직을 했다. 반도체 공장이었다.

"고3 졸업하고 2주 후에 취직했어요. 우리 학교에서 그 회사 비슷한 곳으로 5명이 갔는데 저만 혼자 방진복 입는 회사로 갔어요. 처음에는 좋아했어요. 삼성 같다고."

혼자서 기계 몇 대를 관리해야 했다.

"다 알아야 해요. (기계) 다운되면 어떻게 고치는지 알아야 하니까. 저 혼자 라인을 돌려야 하니까 너무 스트레스 받는 거예요."

공장에서 예림이는 경위서 잘 쓰는 사람으로 이름이 났다. 팀별로 일하다 보니 본인의 잘못이 아니더라도 팀 전체가 경위서를 써야 하는 일이 종종 발생했는데 그때마다 예림이의 경위서는 모범답안처럼 회자되었다. 중학교 때 수없이 반성문을 써 본 덕분인가 보다며 예림이는 혼자 웃었다.

"제가 경위서 쓰는 데 일가견이 있잖아요. 제가 써낸 경위서 보고 반장님이랑 주임님이 진짜 잘 썼다고 칭찬해 주셨어요. 사장님께도 보여 드렸대요."

예림이는 매달 월급에서 조금씩 떼어 저축을 했고, 돈이 모이자 학원 등록을 했다. 간호조무사 학원이었다. 간호사에 대한 꿈을 버리지 않았던 것이다. 1년 후, 공장에 사직서를 내고 본격적으로 시험 준비를 하여 무난히 합격, 병원에 취직하는데 성공했다. 비위 약한 예림이지만 이제는 익숙해져서 수술 끝난 뒤 바로 밥도 먹는다.

간호조무사 예림이의 꿈은 간호사가 되는 것이다. 그래서 대학 간호학과 시험을 볼 생각이다. 돈을 벌어야 하니 병원 근무 하면서 다닐 수 있는 야간대학을 알아보고 있다.

"원래 대학을 가고 싶었어요. 엄마한테 대학을 가고 싶다고 말을 했었어요. 그런데 엄마한테 돈을 내달라고는 못 하겠는 거예요. …… 야간대학을 갈 거예요. 야간대학도 괜찮거든요. 요즘 세상엔 괜찮을 거예요."

네 줄 이상 넘어가는 건 만화책도 안 보던 예림이는 이제 매일 아침 신문을 꼼꼼하게 읽는 자칭 '의식 있는 젊은이'다.

"뉴스를 잘 챙겨 보거든요. 사회, 경제, 문화…… 고등학교 때부터 아침마다 신문을 가지고 갔어요. 대충 읽어도 처음부터 끝까지 다 봤어요. 누가 하라고 한 것도 아닌데 왠지 그래야 한다고 생각했어요. …… 습관이 된 거예요."

예림이가 그리는 미래는 소박하지만 분명하다.

"큰 꿈보다는 조금씩 이뤄 가는 게 좋아요. 안 힘든 게 어디 있겠어요. 다 될 거예요. 안 되는 게 어디 있겠어요. 안 되더라도 그렇게 믿고 싶어요."

"우리 마을"

수아는 인문계 고등학교 진학 후 전문대 경영학과에 들어갔다. 늦바람이 무섭다더니 늦공부에 재미가 들려 경영학에 푹 빠졌다. 중학교 때 안 한 공부, 대학 와서 다 하는 것 같았다.

수아의 꿈은 CEO로 성공하는 것이다. 그를 위해 커피숍에서 일한다. 대학생 때는 아르바이트로, 졸업 후부터 정식 직원으로 일하고 있다. 열심히 배워서 3년쯤 뒤에 자신의 카페를 차릴 계획이다.

자신이 겪은 일들은 뿌리를 땅속 깊이 내리기 위한 과정이 아니었을까 수아는 생각한다. 더 굵고 튼튼하게 더 깊이 내리기 위한 단련 과정.

"황량한 사막에서 사는 선인장은 물을 얻기 위해 땅속 깊이 뿌리를 내린대요. 그런데 그 덕분에 모래바람이 아무리 세게 불어도 흔들리지 않고 서 있을 수 있대요."

의미 없는 경험은 없다고들 한다. 하지만 경험에서 의미를 찾아내는 건 자신의 몫이다, 그걸 못하면 경험은 그저 실수로 그쳐 버릴지 모르고, 같은 실수를 반복하게 되면 작은 바람에도 뿌리가 뽑혀 버릴 거라고 수아는 생각한다.

고정원 선생님은 매일 말해 주었다.

"우리 훌륭한 학생들!"

문제아, 일진, 구제불능, 무서운 애들, 노는 애들, 골칫덩이, 사고뭉치…… 다들 이렇게 입을 모을 때 선생님은 언제나 '우리 훌륭한 학생들'이라고 불렀으며, 다른 선생님들에게도 자랑했다. '우리 훌륭한 학생들' 좀 보시라고.

수아를 비롯한 다섯 친구들은 그 말이 좋았다. 아무도 자신들에게 해 주지 않는 말. 선생님이 매일 이 말을 해 주지 않았다면, 예전처럼 살았을 것이다.

"교육복지실과 고정원 선생님이 없었다면 우리가 제대로 학교를 다니기는 했을까?"

자신들은 정말 행운이라고 수아는 생각한다. 만약 그때 선생님을 만나지 않았다면 지금 뭘 하고 있을까?

"우리는 선택받은 아이들이었던 거죠. 아직도 그러고 살고 있는 애들 많아요. 동거하고 삐끼 하고 빚지고 감옥 가고…… 선생님 만날 때 그렇게 생각했어요. 어떤 배경에서 살 건 간에 자신만 중심 잡으면 된다고 말이에요."

수아에게는 CEO 말고 꿈이 또 하나 있다. 돈을 많이 벌어서 선생님과 다섯 친구들 모두 모여 사는 마을을 만드는 것이다. 선생님은 동네 도서관 관장이 되고, 수아는 그 옆에 예쁜 카페를 열어 '도서관 자매 카페'를 한다. 카페 앞에 테이블을 몇 개 놓아 두면 사람들은 볕 좋은 날 거기 앉아 따끈한 커피와 기분 좋은 바람을 만끽할 것이다. 도서관 옆에는 예림이가 일하는 병원이 있다. 인테리어 전문가인 연우의 사무실은 카페 2층에, 명주의 국제구호재단은 도서관 2층에 자리 잡는다. 그리고 도서관 맞은편에는 민지의 '꿈꾸는 학교'가 있다. 그렇게 마을을 이루고 살자.

수아는 머릿속에 떠오른 미래의 마을을 그림으로 그려 보았다. 제목도 붙였다.

"우리 마을."

거칠다는 것은
그만큼 아픔이 깊다는 것

"비행은 원인이 아니라 결과입니다."

고정원 선생님에 따르면, 비행은 하늘에서 뚝 떨어지듯 별안간 생기는 것이 아니다. 비행 청소년이 되기까지는 오랜 시간이 걸린다. 그러니 벗어나는 데도 오랜 시간이 걸릴 것이다. 이들에게 가장 필요한 것은 자주 만나면서 기다려 주는 사람이다. 꾸준히 만나면서 시간을 갖고 기다려 주는 사람.

언제나 그 자리에서 기다려 주는 사람, 믿고 기다려 주는 부모, 믿고 기다려 주는 교사, 믿고 기다려 주는 사회…… 사실 모두가 원하고 필요로 하는 것이다. 비행 청소년이라고 다르지 않다.

"비행 청소년들은 거칠고 강해 보이지만 오래 이야기 나눠 보면 상처와 결핍이 보여요. 거칠다는 건 그만큼 아픔이 깊다는 거예요."

고정원 선생님으로 하여금 이들에게 다가갈 수 있게 해 준 것은 다름 아닌 책이었다. 책에는 이야기가 있고, 책은 싫어하더라도 이야기를 싫어하는 사람은 없다고 선생님은 말한다.[16] 책에 담긴 이야기를 가지고 대화하다 보면 어느새 숨겨진 상처가 모습을 드러내고 보이지 않던 마음이 보이게 된다. 그런 의미에서 책은 상처와 만나는 '훌륭한 도구'[17]가 된다.

그러나 책 읽기를 나약함 혹은 찌질함의 징표로 여기면서 거부하던 아이들이 책을 가까이하기까지는 시간과 과정이 필요했다. 그때 좋은 출발이 되어 준 것이 그림책이었다. 그림책은 쉽게 다가갈 수 있는데다 감동과 여운은 어느 책보다 크고 깊었다. 이무렇게나 놓여 있는 것 같던 그림책들은 실은 고정원 선생님이 의도적으로 놓아 둔 것이었다. 아이들 눈에 띄는 곳에, 관심 있을 만한 책들을 무심한 듯 배치해 놓은 것.

"책에는 아픈 마음을 치료해 주는 힘이 있어요."

고정원 선생님에 따르면, 독서는 수동적 행위가 아니라 능동적 행위다. 읽는 사람은 거기 담겨 있는 세계를 나름대로 이해하고 해석하며 또 평가한다. 그 과정에서 감정의 카타르시스를 느끼거나 혹은 유용한 정보를 얻어 활용하거나, 스스로도 알지 못했던 자기 안의 문제나 오래된 상처를 발견하기도 한다. 독서는 읽는 사람 자신에 대한 통찰과 자기이해를 증진시킨다. 자기문제에 대한 통찰력을 키우고 이끌어 내는 것이다. 책에는 치유의 힘이 있다. 독서가 효과적인 치유방법이라는 것은 여러 심리학 이론들이 입증해 주고 있다.

다섯 명의 일진 여학생들이 자기자신을 직시하고, 자신이 갖고 있는 내면의 힘을 발견하고 마침내 비행에서 벗어나기까지는 시간과 과정이 필요했다. 그리고 믿고 기다려 준 사람이 있었다. 고정원 선생님은 말한다.

"제가 아이들을 바꾼 게 아니라 아이들 스스로 바꾼 거예요. 아이들은 변화할 힘을 이미 갖고 있었어요. 저는 때마침 옆에 있었던 것이지요."[18]

청소년기는 과정이다. 영구불변의 것이 아니다. 거칠다는 것은 그만큼 아픔이 깊다는 것이라고 했다. 스스로의 힘을 발견할 때까지 꾸준히 시간을 갖고 기다리면서 손 내밀어 주는 사람. 그런 사람이 한 명이라도 있다면 변화와 치유는 분명 일어날 것이다.

지금 이 순간 괴로움에 몸부림치고 있는 십 대에게 다섯 명의 일진 여학생들의 탈비행 성장 스토리는 나직이 말 건넨다. 자신들이 겪은 그 시절에 대해.

"도무지 끝날 것 같지 않은 그 시기는 끝나. 언젠가는."

마음 아픈 사람에게
역사란 무엇인가

이 책은 마음 아픈 사람에게 역사가 줄 수 있는 것이 무엇인지 찾아보려는 작은 시도이다. 바꿔 말하면 역사와 마음, 혹은 역사와 심리치유의 접점 모색이라고 할 수 있을 것이다.

　역사가 모름지기 사람들이 살아온 이야기라면, 그 안에는 성공과 기쁨, 환희뿐 아니라 실패, 고통, 눈물도 있게 마련이다. 어디에 시선을 두느냐에 따라 얼마든지 다양한 이야기가 나올 수 있다. 괴로움에 허덕이던 시절 맞닥뜨렸던 질문, '마음 아픈 사람에게 역사란 무엇인가'에 대한 나름의 답변 모색인 이 책으로 건네고 싶은 말은 '이런 역사책 하나쯤 있어도 좋지 않을까?'이다. 만약 그때 서가에 꽂혀 있었다면 아마도 꺼내 들었을.

　이 책에는 자신에게 닥친 삶의 위기와 난관을 마주한 사람들의 이야기가 실려 있다. 그것은 질병이나 사고일 수도 있고, 내면의 심리적 문제이거나 가족 혹은 자신이 속한 사회와의 갈등일 수도 있다. 어떤 종류의 것이든 당사자에게는 절대적인 고통으로 다가온다. 고통은 상대적인 것이 아니라고 생각한다.

과거의 인물뿐 아니라 현재 인물도 있다. 역사란 먼 과거만 다루는 것이 아니니까. 이른바 위인이나 유명 인사뿐 아니라 어느 오후 산책길에서 마주쳤을 법한 이웃 같은 인물도 있다. 모두가 주인공이다. 이 책에 등장하지는 않지만 고통 속에서도 희망의 끈을 놓지 않은 사람들, 모두가 삶과 역사의 주인공이라고 생각한다.

인터뷰에 응해 주신 분들에게 감사한다. 오래된 아픔을 되새김질하는 일일 수도 있고, 드러내고 싶지 않은 내밀한 이야기일 수도 있을 텐데 흔쾌히 허락해 주셨다. 고 진수옥님의 유족인 남편 최병구 님, 친구 홍은주 님, 다섯 명의 청소년과 아름다운 여정을 함께한 고정원 선생님, 모두 몇 번에 걸쳐 인터뷰를 하는 수고와 번거로움을 마다하지 않았다. 이 책이 그분들의 마음에 누가 되지 않기를 바랄 뿐이다.

오랫동안 기다려 준 서유재 출판사 김혜선 대표에게도 감사드린다. 한 치 앞이 보이지 않던 시절에 그가 내밀어 준 손은 큰 격려가 되었다.

곁을 지켜주는 가족, 오랜 벗들에게 감사드린다. 언제 만나도 어제 헤어진 것 같은 사람이 있다는 것만큼 행복한 일이 또 있을까.

삶에는 정답이 없다고들 한다. 시험문제에는 오답과 정답 두 가지만 있지만 삶은 그렇지 않다. 다른 답이 있을 뿐이다. 세상에 존재하는 모든 삶의 수만큼의 다른 답. 나의 답은 어떤 것이 될까.

이 책에 실린 이야기들을 통해 지금 이 순간 혹독한 삶의 위기에 처해 있는 누군가가 희망과 용기를 얻을 수 있었으면 한다.

제아무리 끝나지 않을 것 같은 시간도 끝난다. 언젠가는.

2022년 가을
박은봉

주

1   Ralph Colp Jr., *To Be an Invalid*, The University of Chicago Press, 1977, pp. 67~68.

2   Janet Browne, *Charles Darwin : The Power of Place*, Princeton University Press, 2002, p. 112.(재닛 브라운, 『찰스 다윈 평전-나는 멸종하지 않을 것이다』, 이경아 옮김, 김영사, 2010.)

3   Janet Browne, *Charles Darwin : The Power of Place*, 2002, p. 122.

4   후커가 다윈에게 보낸 편지(1860년 7월 2일), Frederick Brukhardt, *Evolution : Selected Letters of Charles Darwin 1860~1870*, Cambridge University Press, 2008, p. 13.(찰스 다윈, 『찰스 다윈 서간집 진화 : 진화론이 던진 거대한 충격 1860~1870』, 김학영 옮김, 살림, 2011.)

5   Ralph Colp Jr., 위의 책, 1977, pp. 83~84.

6   닥터 레인이 닥터 리처드슨에게 보낸 편지, Ralph Colp Jr., 위의 책, 1977, p. 59.

7   다윈이 폭스에게 보낸 편지(1872년 10월 29일), Ralph Colp Jr., 위의 책, 1977, p. 88.

8   다윈이 후커에게 보낸 편지(1861년 4월 23일), Frederick Brukhardt, *Evolution : Selected Letters of Charles Darwin 1860~1870*, 2008, pp. 28~29.

9   다윈이 후커에게 보낸 편지(1860년 12월 4일, 1861년 1월 15일), Ralph Colp Jr., 위의 책, 1977, p. 70.

10 Ralph Colp Jr., 위의 책, 1977, p. 51.

11　Charles Darwin, *The Autobiography of Charles Darwin 1809~1882*, W. W. Norton & Company, 1969, pp. 25~26.(찰스 다윈, 『나의 삶은 서서히 진화해 왔다』, 이한중 옮김, 갈라파고스, 2003.)

12　Charles Darwin, The Autobiography of Charles Darwin 1809~1882, 1969, p. 21.

13　Charles Darwin, 위의 책, 1969, p. 21.

14　Janet Browne, *Charles Darwin: voyaging*, Princeton University Press, 1996, p. 23.(재닛 브라운, 『찰스 다윈 평전-종의 기원을 찾아 위대한 항해를 시작하다』, 임종기 옮김, 김영사, 2010.)

15　Charles Darwin, 위의 책, 1969, p. 27.

16　Charles Darwin, 위의 책, 1969, p. 42.

17　Charles Darwin, 위의 책, 1969, p. 53.

18　Charles Darwin, 위의 책, 1969, p. 191.

19　Janet Browne, *Charles Darwin: voyaging*, 1996, p. 227.

20　찰스 다윈, 『비글호 항해기』, 장순근 옮김, 리잼, 2013, 620쪽.

21　찰스 다윈, 위의 책, 2013, 158쪽.

22　Janet Browne, 위의 책, 1996, p. 305.

23　다윈이 프레이어에게 보낸 편지(1870년 2월 17일), Frederick Brukhardt, *Evolution : Selected Letters of Charles Darwin 1860~1870*, 2008, p. 238.

24　Charles Darwin, 위의 책, 1969, p. 104.

25　다윈이 헨슬로에게 보낸 편지(1837년 9월 20일), Ralph Colp Jr., 위의 책, 1977, p. 14.

26　다윈이 헨슬로에게 보낸 편지(1837년 10월 14일), Ralph Colp Jr., 위의 책, 1977, p. 14.

27　Ralph Colp Jr., 위의 책, 1977, p. 15.

28　Ralph Colp Jr., 위의 책, 1977, p. 20.

29　Ralph Colp Jr., To Be an Invalid, Redux, *Journal of the History of Biology* (31), 1998. p. 215.

30　다윈이 폭스에게 보낸 편지(1840년 7월 7일), Ralph Colp Jr., 위의 책, 1977, pp. 21~22.

31　Charles Darwin, 위의 책, 1969, p. 94

32   Janet Browne, 위의 책, 1996, p. 445.

33   다윈이 폭스에게 보낸 편지(1849년 2월 6일), Ralph Colp Jr., 위의 책, 1977, p. 39.

34   Ralph Colp Jr., 위의 책, 1977, p. 109.

35   Ralph Colp Jr., 위의 책, 1977, p. 76.

36   Ralph Colp Jr., 위의 책, 1977, p. 46.

37   Ralph Colp Jr., 위의 책, 1977, p. 66.

38   다윈이 제닌스에게 보낸 편지(1859년 11월 13일), Frederick Brukhardt, *Origins : Selected Letters of Charles Darwin 1822~1859*, Cambridge University Press, 2008, p. 210.(찰스 다윈, 『기원 : 진화론을 낳은 위대한 지적 모험 1822~1859』, 김학영 옮김, 살림, 2011.)

39   다윈이 폭스에게 보낸 편지(1841년 9월 28일), Ralph Colp Jr., 위의 책, 1977, p. 23.

40   휴 팔코너가 윌리엄 샤피에게 보낸 편지(1864년 10월 25일), Frederick Brukhardt, *Evolution : Selected Letters of Charles Darwin 1860~1870*, Cambridge University Press, 2008, p. 109.

41   40살부터 46살까지 5년 반 동안 매일 썼다(1849년 7월~1855년 1월 16일).

42   Ralph Colp Jr., *Darwin's illness*, The University Press of Florida, 2008, p. 55.

43   Ralph Colp Jr., 위의 책, Appendix : Darwin's Diary of Health, 2008, pp. 187~257.

44   John Bowlby, *Charles Darwin A New Life*, W. W. Norton & Company, 1990, p. 7.

45   Ralph Colp Jr., 위의 책, 1977, p. 90.

46   Charles Darwin, 위의 책, 1969, p. 103.

47   Charles Darwin, *On the Origin of Species by Means of Natural Selection, or The Preservation of Favoured Races in the Struggle for Life*, John Murray, London, 1859, p. 488.

48   찰스 다윈, 『종의 기원』, 장대익 옮김, 최재천 감수, 사이언스북스, 2019, 26쪽.

49   Janet Browne, 위의 책, 2002, p. 313.

50   에이드리언 데스먼드·제임스 무어, 『다윈 평전』, 뿌리와이파리, 2009,

1089쪽.

51 John Murray, *1808~1892 A Brief Memoir*, Alfred A. Knopf, 1920, p. 18.

52 Janet Browne, 위의 책, 2002, p. 490.

53 Ralph Colp Jr., 위의 책, 1977, p. 96.

54 Ken Donaldson and Christopher Henry, 'John Goodsir : discovering Sarcina ventriculi and diagnosing Darwin's dyspepsia', *Scottish Medical Journal*, 2020, Vol. 65(2) p. 42.

55 Thomas J. Barloon·Russell Noyes Jr., 'Charles Darwin and Panic Disorder', *JAMA*, vol 277, no.2, 1997, pp. 138~141.

56 Ralph Colp Jr., 위의 책, 2008, p. 156.

57 Ken Donaldson and Christopher Henry, 위의 논문, 2020, Vol. 65(2) p. 44.

58 데이비드 G. 마이어스, 『마이어스의 심리학개론』, 신현정·김비아 옮김, 시그마프레스, 2008, 444쪽.

59 Frederick Brukhardt, *Origins : Selected Letters of Charles Darwin 1822~1859*, Cambridge University Press, 2008, p. 103.

60 Charles Darwin, 위의 책, 1969, p. 118.

61 Charles Darwin, 위의 책, 1969, p. 95.

62 Ralph Colp Jr., 위의 책, Preface, 2008, p. xiii.

63 Ralph Colp, Jr., 위의 책, 1977, p. 105.

64 다윈이 후커에게 보낸 편지(1863년 11월 10일), Ralph Colp Jr., 위의 책, 1977, p. 76.

65 Charles Darwin, 위의 책, 1969, pp. 80~81.

66 엠마와 다윈은 10명의 아이를 낳았는데 그중 셋은 어려서 사망했다.

67 Charles Darwin, 위의 책, 1969, pp. 73~74.

68 Charles Darwin, 위의 책, 1859, p. 201.

69 찰스 다윈, 『인간의 유래』 2, 김관선 옮김, 한길사, 2006, 572쪽.

70 Charles Darwin, 위의 책, 1969, p. 117.

1   Jackie Wullschlager, *Hans Christian Andersen : The Life of a Storyteller*, Alfred A. Knopf, New York, 2001, p. 42.(재키 울슐라거, 『안데르센 평전』, 전선화 옮김, 미래M&B, 2006.)

2   H. C. Andersen, *The Fairy Tale of My Life : An Autobiography*, Cooper Square Press, 2000, p. 26.(한스 크리스티안 안데르센, 『안데르센 자서전』, 이경식 옮김, 휴먼앤북스, 2012.)

3   H. C. Andersen, *The Fairy Tale of My Life : An Autobiography*, 2000, p. 40.

4   H. C. Andersen, 위의 책, 2000, p. 40.

5   엘리네 브레드스도르프의 편지(1822년 10월 3일). Jackie Wullschlager, *Hans Christian Andersen : The Life of a Storyteller*, 2001, p. 49.

6   일기(1825년 11월 20일), Jackie Wullschlager, 위의 책, 2001, p. 66.

7   H. C. Andersen, 위의 책, 2000, p. 4.

8   *The Diaries of Hans Christian Andersen*, selectThe Diaries of Hans Christian Andersened and translated by Patricia L. Conroy and Sven H. Rossel, the University of Washington Press, 1990, p. 336.

9   H. C. Andersen, 위의 책, 2000, p. 2.

10   *Hans Christian Andersen's Complete Fairy Tales*, translation by Jean Hersholt, Canterbury Classics, 2014, p. 317.

11   H. C. Andersen, 위의 책, 2000, p. 17.

12   안데르센이 요나스 콜린에게 보낸 편지(1825년 3월 27일), Jackie Wullschlager, 위의 책, 2001, p. 23.

13   H. C. Andersen, 위의 책, 2000, p. 21.

14   H. C. Andersen, 위의 책, 2000, p. 22.

15   H. C. Andersen, 위의 책, 2000, p. 22.

16   H. C. Andersen, 위의 책, 2000, p. 22.

17   *Hans Christian Andersen's Complete Fairy Tales*, Translation by Jean Hersholt, Canterbury Classics, 2014, p. 170.

18   Jackie Wullschlager, 위의 책, 2001, p. 102.

19   H. C. Andersen, 위의 책, 2000, p. 180.

20 안데르센이 헨리에테 행크에게 보낸 편지(1835년 11월 17일), Jackie Wullschlager, 위의 책, 2001, p. 159.

21 H. C. Andersen, 위의 책, 2000, p. 165.

22 H. C. Andersen, 위의 책, 2000, p. 113.

23 일기(1834. 1. 7.), *The Diaries of Hans Christian Andersen*, selected and translated by Patricia L. Conroy and Sven H. Rossel, the University of Washington Press, 1990, p. 69.

24 H. C. Andersen, 2000, p. 73.

25 H. C. Andersen, 2000, p. 143.

26 Jackie Wullschlager, 위의 책, 2001, p. 83.

27 일기(1831년 5월 31일), *The Diaries of Hans Christian Andersen*, selected and translated by Patricia L. Conroy and Sven H. Rossel, the University of Washington Press, 1990, p. 28.

28 H. C. Andersen, 위의 책, 2000, p. 72.

29 H. C. Andersen, 위의 책, 2000, p. 72.

30 마이클 부스, 『마이클 부스의 유럽 육로 여행기』, 김윤경 옮김, 글항아리, 2019, 62쪽.

31 일기(1833년 12월 16일), *The Diaries of Hans Christian Andersen*, selected and translated by Patricia L. Conroy and Sven H. Rossel, the University of Washington Press, 1990, p. 59.

32 일기(1831년 5월 31일), *The Diaries of Hans Christian Andersen*, selected and translated by Patricia L. Conroy and Sven H. Rossel, the University of Washington Press, 1990, p. 422.

33 H. C. Andersen, 위의 책, 2000, p. 203.

34 아일랜드 출신의 영국 작가 마리아 에지워스(Maria Edgeworth)가 저서 『*The Parent's Assistant*』(1796)에서 던진 이 질문은 아동서에 대한 덴마크뿐 아니라 당시 유럽의 통념을 잘 보여 준다. Jackie Wullschlager, 위의 책, 2001, p. 150.

35 Jackie Wullschlager, 위의 책, 2001, p. 165.

36 H. C. Andersen, 위의 책, 2000, pp. 203~204.

37 *The Diaries of Hans Christian Andersen*, selected and translated by Patricia L.

Conroy and Sven H. Rossel, the University of Washington Press, 1990, p. 94.

38 H. C. Andersen, 위의 책, 2000, p. 205.

39 안데르센의 동성애 여부에 대해 학자들의 견해는 긍정과 부정으로 나뉘며 확실한 결론은 나오지 않았다. 그의 전기를 쓴 저자들의 견해도 나뉜다. 덴마크의 학자 브레드스도르프는 단호히 부정하며, 영국의 재키 울슐라거는 양성 모두에게 끌렸다는 데 의심의 여지가 없다고 말한다. 실제로 안데르센의 일기, 편지를 보면 그가 애정을 쏟은 상대는 때로는 이성, 때로는 동성이었다는 인상을 받는다. 그것이 우정인지 사랑인지 분명히 가르기 어려운 것이었을지라도. 하지만 이성이든 동성이든 모두 이루어지지 못했다는 점에는 변함이 없다. 안데르센은 특히 요나스 콜린의 둘째 아들 에드바르에게 마음을 쏟았는데, 역시 일방적인 것이었다. 안데르센 자신의 사랑 이야기라고도 할 수 있는 「인어공주」는 에드바르의 결혼식 즈음에 쓴 작품이다. 세상을 떠날 때 안데르센은 재산 3만 릭스달러와 작품 저작권을 에드바르에게 남겼으며, 나중에 자기 무덤 옆에 에드바르 부부를 묻어 달라고 부탁했다. 끝까지 성실한 친구로 남았던 에드바르는 안데르센 사후 회고록을 출판했다. 부탁대로 안데르센 옆에 묻힌 에드바르 부부는 훗날 콜린 가족 묘로 이장되었고, 안데르센은 혼자 남았다. 에드바르가 받은 저작권은 출판사가 2만 릭스달러에 사들였다.

40 Jackie Wullschlager, 위의 책, 2001, p. 171.

41 안데르센이 헨리에테 행크에게 보낸 편지(1837년 9월 20일). Jackie Wullschlager, 위의 책, 2001, p. 179.

42 안데르센이 이베르센 부인에게 보낸 편지(1837년 1월 4일). Jackie Wullschlager, 위의 책, 2001, p. 154.

43 H. C. Andersen, 위의 책, 2000, p. 177.

44 Jackie Wullschlager, 위의 책, 2001, p. 211.

45 H. C. Andersen, 위의 책, 2000, pp. 241~243.

46 Elias Bredsdorff, *H. C. Andersen the story of his life and work 1805~1875*, Souvenir Press, 1993, p. 287.

47 일기(1841년 5월 4일), *The Diaries of Hans Christian Andersen*, selected and translated by Patricia L. Conroy and Sven H. Rossel, the University of Washington Press, 1990, p. 122.

48 일기(1857년 6월 30일, 7월 1일, 7월 2일, 7월 12일), *The Diaries of Hans Christian Andersen*, selected and translated by Patricia L. Conroy and Sven H. Rossel, The University of Washington Press, 1990, pp. 256~257, p. 262.

49 Jackie Wullschlager, 위의 책, 2001, p. 355.

50 Jackie Wullschlager, 위의 책, 2001, p. 357.

51 Jackie Wullschlager, 위의 책, 2001, p. 357.

52 H. C. Andersen, 위의 책, 2000, p. 424, p. 426.

53 Elias Bredsdorff, *H. C. Andersen og England*, Copenhagen, 1954, p. 292.

54 Elias Bredsdorff, 위의 책, 1954, p. 292.

55 Elias Bredsdorff, 위의 책, 1954, p. 292.

56 안데르센이 요나스 콜린에게 보낸 편지(1825년 6월 19일), Jackie Wullschlager, 위의 책, 2001, p. 70.

57 http://portal.unesco.org/culture/en/ev.php-URL_ID=7810&URL_DO=-DO_TOPIC&URL_SECTION=201.html

◆

1 Paul Kalanithi, *When Breath Becomes Air*, Random House, NY, 2016.(폴 칼라니티,『숨결이 바람 될 때』, 이종인 옮김, 흐름출판, 2016.)

2 Paul Kalanithi, *When Breath Becomes Air*, 2016, p. 14.

3 Paul Kalanithi, 위의 책, 2016, p. 120.

4 Paul Kalanithi, 위의 책, 2016, p. 138.

5 Paul Kalanithi, 위의 책, 2016, pp. 161~162.

6 Paul Kalanithi, 위의 책, 2016, p. 140.

7 Paul Kalanithi, 'How Long Have I Got Left?', *The New York Times*, 2014. 1. 25.

8 사뮈엘 베케트,『이름 붙일 수 없는 자』, 전승화 옮김, 워크룸프레스, 2016.

9 Paul Kalanithi, 위의 책, 2016, p. 20.

10 Paul Kalanithi, 위의 책, 2016, p. 40.

11 Paul Kalanithi, 위의 책, 2016, p. 81.

12 Paul Kalanithi, 위의 책, 2016, p. 115.

13 Paul Kalanithi, 위의 책, 2016, p. 166.

14 Paul Kalanithi, 'How Long Have I Got Left?', *The New York Times*, 2014. 1. 25.

15 Paul Kalanithi, 위의 책, 2016, p. 215.

16 Paul Kalanithi, 위의 책, 2016, p. 181.

17 Paul Kalanithi, 위의 책, 2016, pp. 197~198.

18 Paul Kalanithi, 'Before I Go', *Stanford Medicine*, Spring 2015, Vol. 32, pp. 24~27.

19 T. S. Eliot, The Waste Land, 1922.

20 Paul Kalanithi, 위의 책, 2016, p. 210.

21 폴 칼라니티, 위의 책, 흐름출판, 2016.

22 진수옥, 『옛사람의 향기가 나를 깨우다』, 인문산책, 2012, 147쪽.

23 진수옥, 위의 책, 144쪽.

24 일기(2007년 6월 7일), 진수옥, 위의 책, 249~250쪽.

25 진수옥, 위의 책, 166쪽.

26 진수옥, 위의 책, 166~167쪽.

27 홍은주 인터뷰(2021년 10월 18일).

28 홍은주 인터뷰(2021년 11월 19일).

29 홍은주 인터뷰(2021년 10월 18일).

30 진수옥, 위의 책, 139쪽.

31 일기(2005년 12월 4일), 진수옥, 위의 책, 245쪽.

32 진수옥, 「토우 : 작은 사람들, 숨김없는 진실」, 『박물관 사람들』, 2006년 봄호, 8쪽.

33 진수옥, 「토우 : 작은 사람들, 숨김없는 진실」, 『박물관 사람들』, 2006년 봄호, 6쪽.

34 일기(2007년 2월 20일), 진수옥, 위의 책, 249쪽.

35 일기(2007년 7월 2일), 진수옥, 위의 책, 253~254쪽.

36 일기(2007년 2월 20일), 진수옥, 위의 책, 249쪽.

37 일기(2007년 7월 2일), 진수옥, 위의 책, 254쪽.

38 일기(2007년 7월 2일), 진수옥, 위의 책, 254~256쪽.

39 일기(2003년 8월 17일), 진수옥, 위의 책, 216쪽.

40 일기(2008년 12월 5일), 진수옥, 위의 책, 294쪽.

41 일기(2004년 4월 15일), 진수옥, 위의 책, 230쪽.

42 일기(2007년 8월 11일), 진수옥, 위의 책, 258쪽.

43 일기(2007년 8월 25일), 진수옥, 위의 책, 258~259쪽.

44 일기(2007년 11월 2일), 진수옥, 위의 책, 267쪽.

45 일기(2008년 8월 31일), 진수옥, 위의 책, 283쪽.

46 일기(2009년 1월 2일), 진수옥, 위의 책, 298쪽.

47 일기(2009년 2월 21일), 진수옥, 위의 책, 305쪽.

48 진수옥, 위의 책, 139쪽.

49 일기(2008년 8월 22일), 진수옥, 위의 책, 282쪽.

50 일기(2008년 10월 19일), 진수옥, 위의 책, 289쪽.

51 일기(2007년 7월 28일), 진수옥, 위의 책, 257쪽.

52 일기(2007년 11월 16일), 진수옥, 위의 책, 268~269쪽.

53 일기(2009년 2월 19일), 진수옥, 위의 책, 300쪽.

54 일기(2009년 1월 16일), 진수옥, 위의 책, 300쪽.

55 일기(2009년 1월 16일), 진수옥, 위의 책, 300쪽.

56 일기(2008년 11월 2일), 진수옥, 위의 책, 292쪽.

57 일기(2009년 1월 2일), 진수옥, 위의 책, 299쪽.

58 일기(2009년 2월 19일), 진수옥, 위의 책, 305쪽.

59 일기(2009년 2월 21일), 진수옥, 위의 책, 306쪽.

60 진수옥, 위의 책, 157쪽.

61 진수옥, 위의 책, 184쪽.

62 일기(2009년 4월 14일), 진수옥, 위의 책, 308쪽.

63 진수옥, 위의 책, 186~187쪽.

64 일기(2009년 4월 21일), 진수옥, 위의 책, 310쪽.

65 진수옥, 위의 책, 198쪽.

66 일기(2010년 12월 15일), 진수옥, 위의 책, 315쪽.

67 진수옥, 위의 책, 163쪽.

68 진수옥, 위의 책, 189쪽.

69 진수옥, 위의 책, 198쪽.

70 일기(2011년 5월 11일), 진수옥, 위의 책, 317쪽.

71 진수옥, 「삶과 죽음의 길이 예 있으매 : 고려 묘지명을 보고」, 『박물관 사람들』, 2006년 가을호, 16쪽.

72 Paul Kalanithi, 위의 책, 2016, p. 224.

73 최병구 인터뷰(2021년 10월 7일).

74 최병구 인터뷰(2021년 10월 7일).

75 최병구 인터뷰(2021년 10월 7일).

◆

1 이희연, 『청소년기 탈비행화 과정에 관한 연구』, 연세대학교 대학원 사회복지학과 박사논문, 2004, 5쪽.

2 황성현, 「청소년 지위비행에 관한 비행이론 비교연구」, 『청소년학연구』 17(5), 2010, 50쪽.

3 도널드 위니컷, 『박탈과 비행(Deprivation and Delinquency) : 반사회적 행동에 대한 정신분석학적 이해』, 이재훈·박경애·고승자 옮김, 현대정신분석연구소, 2001, 17쪽, 67쪽.

4 도널드 위니컷, 위의 책, 67쪽.

5 이순지, 『학교폭력 피해·가해 중복 경험 학생을 상담한 전문상담교사의 경험 탐구』, 인하대 교육대학원 상담심리전공 석사논문, 2019, 33쪽.

6 교육복지실은 학생의 건강한 학교생활을 돕기 위해 학교 안의 여러 문제들을 지역사회와 연계하여 예방 및 해결함으로써 교육적 가치를 구현할 목적으로 초중등학교에 설치되었으며 2003년부터 시행되었다. 학교 안의 복지관이라 할 교육복지실에 복무하는 사람을 지역사회교육전문가라 한다. 이 글은 중학교 교육복지실 지역사회교육전문가 고정원 선생님의 인터뷰 및 선생님으로부터 제공받은 여러 자료를 토대로 작성했다. 당사자의 동의하에 일일이 출전을 표기하는 것은 생략했으며, 다섯 명의 여학생 이름은 모두 가명으로 표기했다.

7 고정원 인터뷰(2022년 3월 9일).

8 이태준 글, 김동성 그림, 『엄마 마중』, 한길사, 2004.

9 　 고정원 인터뷰(2020년 8월 25일).

10 　 김옥 글, 이은천 그림, 『손바닥에 쓴 글씨』, 창비, 2002.

11 　 권정생 글, 정승각 그림, 『강아지똥』, 길벗어린이, 1996.

12 　 고정원 인터뷰(2020년 8월 25일).

13 　 고정욱 글, 송진헌 그림, 『아주 특별한 우리 형』, ㈜대교, 1999.

14 　 존 브래드쇼, 『상처받은 내면아이 치유』, 오제은 옮김, 학지사, 2004.

15 　 숀 탠 글·그림, 『빨간 나무』, 김경연 옮김, 풀빛, 2002.

16 　 고정원 인터뷰(2020년 8월 25일).

17 　 고정원, 독서노트.

18 　 고정원 인터뷰(2022년 3월 9일).

마음 아플 때 읽는 역사책

ⓒ박은봉, 2022

초판 1쇄 발행 2022년 9월 20일
초판 3쇄 발행 2023년 5월 29일

지은이 박은봉
펴낸이 김혜선 **펴낸곳** 서유재 **등록** 제2015-000217호
주소 (우)04034 서울 마포구 잔다리로7길 18(서교동 377-20) 504호
전화 070-5135-1866 **팩스** 0505-116-1866 **대표메일** seoyujaebooks@gmail.com
종이 엔페이퍼 **인쇄** 성광인쇄

ISBN 979-11-89034-66-5 03900